나는 하루 5분만 바꾸기로 했다

나는 하루 5분만 바꾸기로 했다

멘탈이 흔들려도 최고의 하루를 만드는 루틴의 법칙

옥민송 지음

콘택트

옥민송 대표는 자신이 만든 마이루틴 서비스를 가장 훌륭하게 사용하는 사용자로서 자신의 삶을 바꾼 루틴의 힘을 이야기한다. 우리 뇌는 새로운 행동을 싫어한다. 이에 대부분의 결심은 번번이 실패한다. 그러나 작은 루틴을 반복하면 행동으로 정착되어 변화가 이루어진다. 30~40개의 루틴을 실행하고 있는 저자는 루틴이 단단해지면 더 많은 여유가 생기고 삶이 변할 수 있다는 사실을 경험을 통해 제시한다. 이 책을 읽으며 나도 침대에 오르면 플랭크를 하는 작은 루틴을 정했다. 작은 루틴들을 쌓아 원하는 삶을 만들고 싶은 이들에게 이 책을 강력히 추천한다.

신수정 _KT 부사장 겸 엔터프라이즈 부문장, 『일의 격』 저자

지난 2년 남짓 아침 루틴을 기록하고 실천해봤다. 나름의 성취도 있었지만 제대로 오랫동안 하지 못했고 쉰 날이 많았다. 이 책을 읽고 나서 깨달은 것이 많았다. 첫째, 나는 욕심이 많았다. 걸을 에너지가 생기기 전에 뛰려고 하니 제대로 해내지 못했다. 나를 좀 더 따뜻하게 대해야 지속할 수 있다는 사실을 깨달았다. 둘째, 루틴을 돌아보고 수정하는 과정에서 내가 어떤 사람인지 깨달을 수 있다. 셋째, 직접 루틴을 시험하고 경험하며 자아를 찾아 나간 저자의 이야기를 통해 역시 진정성이 중요하다는 것을 깨달았다. 이 책은 해보지도 않고 그럴싸하게 포장한 책과는 다르다. 마이루틴을 이용해 다시 루틴을 정리했다. 무거웠던 아침 루틴은 '쉬어가기'에 넣어두고, '아침에 일어나자마자 아내와 아이들 안아주기'만 남겼다. 책의 응원을 받아 천천히 다시 시작해보기로 기분 좋게 다짐했다. 여러분도 함께 시작해보면 좋겠다.

이지수 _삼성전자 MX사업부 상무

삶은 복잡하고 예측할 수 없다. 이런 삶에서 우리에게 이정표 역할을 해주는 것이 바로 루틴이다. 루틴은 내가 바라는 삶의 기본 뼈대가 되어준다. 덕분에 삶이란 풍랑이 우리를 흔들어도 루틴이 닻이 되어준다. 저자는 오랫동안 루틴을 고민한 뒤 마이루틴이라는 서비스를 만들고 사용해왔다. 경험에서 우러나오는 노하우가 삶에 닻이 필요한 이들에게 분명 도움이 될 것이다. 특히 마이루틴 앱을 기준으로 설명된 내용이 있어서 동기가 부족한 이들도 훨씬 쉽게 시작할 수 있을 것이다. 특히 서비스 사용·운영 경험에서 온 루태기 극복법을 다룬 점이 인상적이다. 작심은 쉽다. 유지가 어렵다. 이 책을 사용하는 한 가지 팁을 드린다면, 첫째, 책의 내용 5퍼센트를 익혀 가볍게, 빨리 시작하라는 것과 둘째, 생각대로 되지 않는 부분이 생길 때 루태기 극복법을 꼭 참고하라는 것이다. 삶의 든든한 닻을 구하시길 바란다.

김창준 _애자일 컨설팅 대표, 『함께 자라기』 저자

지난 10년간 사람들이 원하는 아침을 맞도록 도와주는 서비스를 운영하면서, 사소하더라도 매일 사람들의 아침을 변화시키는 것이 얼마나 어렵고 중요한지 깨닫게 되었다. 아침뿐만 아니라 하루 전체의 행동을 변화시키기는 더욱 어려운데, 변화를 만들어내기 위해 고민한 이야기를 읽고, 저자가 얼마나 루틴에 진심인지 느낄 수 있었다. 매일매일 자신이 원하는 하루를 보내기 위해 고민하고 시도한 흔적을 이 책에서 확인하고 느껴보길 바란다.

신재명 _딜라이트룸 CEO, 6,000만 글로벌 알람 앱 알라미 운영

코로나로 인해 20대를 바친 사업이 산산이 조각났을 때, 내가 할 수 있는 일은 없어 보였다. 후회만 가득한 과거, 보이지 않는 미래 때문에 두려웠다. 두려움이 턱 끝까지 차올랐을 때 다시 일어서기 위해 딱 두 가지 규칙을 적어 현관문에 걸어두었다. '주 5일 운동하고, 매일 일기를 쓴다.' 성실히 운동하며 흘린 땀은 위기를 견디는 근육이 되었고, 일기에 담긴 고뇌는 다음 도전을 위한 지혜가 되었다. 루틴이 된 두 가지 규칙은 확실한 성취감과 자기효능감을 주었다. 이때 루틴의 힘을 확신했다. 이 책에는 내가 경험한 것과 같은 루틴의 효과와 나만의 루틴을 찾는 법, 또 루틴을 유지할 수 있는 방법과 마인드셋이 자세하게 담겨 있다. 저자가 스스로 경험하지 않았다면 절대 알 수 없는 이야기다. 루틴은 배신하지 않는다. 노력에 배신 당했다며 좌절한 이들, 꿈을 이루기 위해 도전하는 이들이 이 책을 통해 멘탈이 흔들릴 때도 나를 지키는 확실한 방법, '루틴'을 습득하길 진심으로 기원한다.

표시형 _열정에 기름붓기 대표

지난 5년간 저자와 함께 일하며 많은 사람의 삶에 변화를 주는 제품을 만드는 경험도 좋았지만, 솔직하게는 제품을 만들며 나 스스로 변화를 느끼게 된 것이 매우 큰 기쁨이었다.

잘 살고 싶은 마음은 굴뚝 같지만 현실로 옮기는 건 어려워했던, 미래와 나에 대해 확신하지 못했던 내가 지금은 그 누구보다 스스로를 믿으며 '나다운' 일상을 살아가고 있다. 저자가 말하는 방법들을 하루 5분씩, 매일 꾸준히 실천한다면 누구나 변할 수 있다. 내가 변화했기에, 그리고 마이루틴을 통해 변화한 수많은 사람을 목격했기에, 누구보다 자신 있게 말할 수 있다. 아주 작게 시작해서 큰 변화를 만들어내는 루틴의 마법이 당신에게도 찾아오기를!

박채윤 _마이루틴 프로덕트 리드

● 미루기만 했던 꿈과 작은 목표를 작게 쪼개어 매일 실천하면서 성공으로 가는 궤도에 올라설 수 있었습니다. 이대로 꾸준히 걸어가기만 하면 내가 원하는 것을 다 이룰 수 있을 것이라 확신해요.

꾸**

● 기상 후, 출근·퇴근할 때, 자기 전에 컨디션을 기록하는 루틴을 하고 있습니다. 몸과 마음의 상태가 어떻게 변화하는지 일별, 주간별, 월별로 확인하니 무슨 활동이 어떤 영향을 주었는지 알 수 있어요. 하루 동안 가장 좋았던 일, 싫었던 일 또한 기록하는데, 나를 알아가는 데 정말 많은 도움을 얻고 있어요.

정**

● 예전에는 뭘 해야 할지 몰라서 하루하루가 허무하게 흘러갔는데 루틴을 시작하고 나서는 스스로 계획하고 실천하는 알찬 하루를 보내게 되었어요. '사소한 것도 해내야지' 하는 마음이 계속 생겨나다 보니 게을렀던 내가 부지런한 나로 바뀌어 있었어요. 여*

● 갑자기 아플 수도 있고, 급히 해야 할 일이 생길 수도 있기 때문에 루틴을 꾸준히 해내는 일은 절대 쉽지 않아요. 그러나 다시 돌아갈 수 있다는 자신감과 심리적 안정감이 생겼고 이 안정감은 루틴을 계속해나갈 동기로 이어집니다. 이런 회복탄력성이 생긴 게 가장 큰 변화입니다. 예측하지 못한 일이 생겨도 흔들리지 않고, 멈추지 않고 루틴을 수행해나가고 있어요. 양**

● 'To-do'가 아닌 '나만의 루틴을 만드는 행위'에 집중할 수 있어요. 내 삶에서 반복되는 루틴, 즉 습관을 만드는 일이 얼마나 일상을 단단하게 만드는지, 또 마음을 충만하게 만드는지 느끼고 있습니다. 냠*

● 중요하지만 급하지 않은 일을 발견하고 관리할 수 있게 되어서, 독서나 운동 같은 자기개발도 할 수 있게 되었어요. 그동안 달성한 실천 기록을 파악할 수 있어 정말 유용합니다. 와**

● 루틴을 시작한 이후로 매일 성장하고 있다고 느낍니다. 무엇보다 필요할 때 쉼을 권장한다는 게 좋았습니다. 완벽주의 성향이 있어서 목표한 것을 다 해내지 못하면 성취감을 느끼지 못하고 지속하지 못하는 경우가 있었는데, 마이루틴에서는 일 년 이상 꾸준히 해내고 있어요. 나에게 꼭 맞는 루틴 덕분에 바쁜 일상 속에서도 나다운 시간을 보낼 수 있게 되었어요. 　　　　성**

● 소소하지만 중요한 루틴 몇 개만 정하고, 이 루틴들을 반드시 지키려고 노력한 결과, 나에 대한 확신이 생겼어요. 나는 해낼 수 있는 사람이라고 자신 있게 이야기할 수 있어요. 　　　　오**

● 이전에는 시간이 있어도 해야 할 일과 하고 싶은 일들이 정신 없이 흩어져 있어 무엇부터 해야 할지 고민하며 시간을 버렸는데, 매일 루틴을 선명하게 설정하고 나니 버리는 시간 없이 하루하루 알차게 보냅니다. 꾸준한 매일이 쌓여 눈에 보이는 성과가 생길 때는 희열도 느껴져요! 　　　　장**

● 아침마다 급하게 출근 준비를 하고 급히 집 밖을 나서는 게 일상이었는데, 루틴을 시작한 후로 매일 아침 책을 읽고 명상까지 하는 여유가 생겼습니다. 주도적으로 시간을 관리할 수 있게 되니 다음날을 준비하는 여유까지 생겼어요! 　　　　블******

11

● 루틴을 시작한 뒤로 활력이 생겼고, 긍정적이라는 이야기를 듣게 되었어요. 작지만 꾸준한 습관, 루틴이 생기면서 내가 나를 위해 의식적으로 무언가 하고 있다고 느껴서 가능한 변화라고 생각합니다. 하루 10분씩 일주일이면 70분, 한 달에 300분을 자기개발에 힘쓰고 있는 것도 매우 만족스러워요.   여**

● 처음에는 다섯 개로 시작한 루틴이 지금은 스무 개 정도 됩니다! 한 일을 기록하는 정도의 루틴으로 시작해 익숙해진 후에는 하나씩 하고 싶은 새로운 루틴을 더하고 실천했어요. 스스로 성장하고 있다고 느껴 기분이 좋습니다.   S**

● 머릿속으로 생각만 했던 일들을 꾸준히 실천할 수 있게 되어 놀라워요. 달성 여부를 체크할 때 느끼는 뿌듯함이 내일 또 실천하는 힘이 됩니다.   J******

● 아침 루틴으로 '아이에게 존중의 말 건네기', 자기 전 루틴으로 '아이에게 사랑한다고 말하고 꼭 안아주기'를 실천하고 있어요. 덕분에 아이와의 관계가 이전보다 훨씬 좋아졌습니다. 이 두 가지 루틴을 다짐하면서부터 스스로 아이를 대하는 태도가 달라졌다고 느끼니 뿌듯해요.   흐*

● 루틴 덕분에 내 삶에서 어떤 게 중요한지 생각해볼 수 있었고 오로지 나에게 집중하는 법도 익혔습니다. 내가 나를 잘 알고 있다고 생각했는데, 일기 쓰기 루틴을 500일 정도 지속하고 나서야 내가 어떤 사람인지 제대로 알게 되었어요. 이게 가장 큰 수확이라고 생각해요. 루틴을 통해 더 깨닫고, 성장해 있을 제 모습이 기대됩니다. ㅣ****

● '이거 해야지, 저거 해야 하는데' 생각만 하다가 뭐 하나 제대로 해내지 못할 때가 많았는데, 해내기 어려운 계획을 쉽게 할 수 있는 작은 루틴들로 쪼개 실천했어요. 마이루틴을 이용하니 더 쉬웠습니다. '무엇이든 해내는 하루'가 쌓이고 있어요. 이**

열심히 사는데, 잘 살고 있는 것 같지 않았다.

일은 정체됐고, 스트레스로 건강은 나빠졌으며
사람들과도 멀어졌다.

챙겨야 할 건 많은데….
나를 돌보는 소소한 활동을 할 여유도 없이
나를 잃어가는 듯했다.

결국 번아웃.

가능한 모든 시간에 누워 있었다.

무기력한 시간이 늘어날수록 자존감은 바닥을 쳤다.

마음속으로는 변화를 외쳤지만 몸은 움직이지 않았다.

가만히 있는 나를 보며

자기 불신과 불안감이 커져만 갔다.

내가 원하는 나의 모습을 찾고 싶었다.

작게 시작하자고 마음먹었다.

하루 딱 5분만 바꿔보는 걸로.

일단, 눕지 않고 집 밖으로 나갔다.

묘한 안도감이 들었다.

선선한 바람을 맞으며 가만히 서 있었다.
그렇게 있자니 조금 걸어도 될 것 같았다.

한참을 걷다 집으로 돌아왔을 때,
내게 필요한 일을 하나 해냈다는 사실 덕분에
뿌듯함이 차올랐다.

이렇게 시작된 매일의 짧은 산책.

하루 한 번 집 밖으로 나가 5분이라도 걸었다.

그렇게 작은 루틴 하나가 시작됐다.

짧은 산책처럼 나를 챙기는, 작은 성취를 쌓아갔다.

긴 시간을 내지 않아도 되는 하루 10분 독서,
부정적 감정을 즉각적으로 다독이는 5분 감정 일기 쓰기,
몸과 마음의 피로를 푸는 자기 전 3분 스트레칭.

서서히 내 삶에 뼈대가 되는 루틴이 잡히기 시작했다.

거기에 5분 만에 할 수 있는

작고 쉬운 가지 루틴을 쌓고, 한 번 더 쌓고….

무기력에 빠져 있던 나를 다시 일으키기 위해서는

강력한 의지, 완벽한 멘탈이 필요하리라 생각했는데

나의 착각이었다.

크게 부담되지 않는 작은 5분 루틴들을

쉽게 달성하면서 성취감이 쌓여가자

멘탈이 흔들리는 순간에도 지속하려는 힘이 생겨났다.

변화는 천천히, 그러나 꽤 착실하게 찾아왔다.

어느새 루틴을 지속한 지 1,000일 차.

내게 꼭 맞는 작은 루틴들은

내가 원하는 하루, 내가 바라는 모습의 나로 이끌었다.

"내가 원하는 삶을 살려면 어떻게 해야할까?"
루틴이 없을 때의 나는 답을 내릴 수 없었다.

원하는 삶을 살기 위해 필요한 건

완벽한 멘탈이 아닌

꾸준한 행동이라는 걸 깨달았을 때,

나와 같은 어려움을 겪은 이들을 위해

작은 성취를 해내고 관리할 수 있는

'마이루틴'을 만들었다.

"어떤 하루를 보내고 싶은지 생각하고, 생각한 대로 실천하게 되어서 기뻤어요."

"무언가 확 바꿔야 한다는 강박을 내려놓고도 내게 맞는 습관을 만들 수 있게 되었어요."

"또 새로운 걸 해봐야지, 스스로 결심하는 걸 보니 확실히 더 나은 내가 됐다고 느껴요."

작은 루틴의 강력한 힘을 경험한
'마이루틴' 유저의 실제 후기다.
만든 지 2년 만에 100만 명의 유저가 생겼다.

2022년 올해의 앱 스토어 생산성 2위,
구글 플레이어 생산성 7위 앱에 선정되기도 했다.

마이루틴을 경험한 이들은 모두 알고 있는 사실 하나.

'그동안 내가 실패했던 이유는 의지가 약해서가 아니라
방법이 잘못되었기 때문이다. 원하는 삶을 살기 위해서는
작고 쉬운, 그래서 꾸준히 해낼 수 있는 루틴이 필요하다!'

억지로 노력하지 않아도 활력이 넘치는 하루.

무언가 해내야 한다는 부담감 없이 이어지는

작은 성취의 기쁨.

루틴을 경험하고 확실한 변화를 이룬 지금,
자신 있게 이야기할 수 있다.

"원하는 삶은, 원하는 하루들의 총합이다."

여러분도 곧 알게 될 것이다.

'완벽한 준비는 필요하지 않다.
루틴을 작게, 쌓아서, 지속하면
결국 내가 원하는 삶이 펼쳐진다.'

원하는 삶으로 이끄는
아주 작은 루틴의 힘

"와, 루틴 1,000일 축하드려요! 저는 이제 200일인데 열심히 따라갈게요."

얼마 전 한 유저로부터 받은 메시지다. 1,000일이라니, 언제 시간이 이렇게 흘렀지. 처음 루틴 관리를 시작할 때만 해도 이렇게 오랫동안 루틴을 잘 지킬 거라고는 생각하지 못했다. 루틴을 통해 내가 원하는 삶의 모습을 그릴 수 있을 거라곤 더더욱 상상하지 못했고.

돌이켜 보면 과거의 나는 항상 시간이 부족했다. 직장에 다닐 때도, 학교생활과 창업을 병행할 때도, 대표로 일할 때도 마찬가지였다. 잘해야 하는 일과 잘하고 싶은 일은 너무 많은데 시간과 역량이 부족하다 보니 쉽게 지치곤 했다. 일이 많을 때는 급하게 일에 달려들었고, 여유로울 때는 무작정 쉬고 싶은 마음에 하고 싶었던 것을 챙기지 못했다. 건강, 체력, 인간관계, 성장 등은 많은 시간이 필요한 목표라고 생각해 챙기지 않았고, 그러다 보니 일이 바쁜 시기에는 몸도 마음도 와르르 무너지는 편이었다. 열심히 사는데도 잘 살고 있다는 기분이 들지 않았고, 번아웃에 빠지기도 했다.

평일 내내 자정이 넘어 퇴근했고, 주말 출근도 잦았다. 그러면서도 팀원들을 무리시키면 안 된다는 생각에 일정 시간이 되면 모두 보내고 혼자 남아 야근을 하곤 했다. 가장 바빴던 달에는 한 달 동안 출근하지 않은 날이 이틀밖에 없었다. 사람에게 에너지와 영감을 받는 스타일이라 보통 일주일에 두세 개는 약속을 잡는 편인데, 당시에는 한 달에 두세 개도 버거웠다. 일하다 머리가 멍할 때 회사 옥상에 올라가 스트레칭하고 5분도 안 돼서 내려오는 게 그나마 휴식이었달까. 할 일은 많은데 체력이 따라주지 않으니 쉽게 짜증이 나고 우울했다. 집에 가면 쓰러져 자기 바빴다. 그러다 보니 스스로를 위한 시간은 엄두도 내지 못했고, 야근과 야식, 수면 불규칙이 쌓여 살도 찌기 시작했다.

　　모두들 어떻게 이 많은 것을 해내며 사는 걸까? 일, 건강, 체력, 인간관계, 여유, 일상 등 챙겨야 할 건 많은데, 다 챙기기가 너무 어려웠다. 이대로는 내 삶이 무너지겠다 싶었을 때 하루를, 일상을, 삶을 바꿔준 게 바로 하루의 작은 루틴이었다. 루틴은 모든 걸 빨리 해내려는 조급함 대신, 아주 작은 변화에 집중할 수 있게 도와줬다. 열심히 살면서도 힘들었던 이유는 모든 걸 '제대로', '빨리'하려고 해서가 아니었을까? 얼른 제대로 일하고, 얼른 제대로 운동하고, 얼른 제대로 사람들을 챙기고, 얼른 제대로 쉬려고 하니 너무 어려워서 아무것도 할 수 없었던 것이다. 이번엔 대충, 슬금슬금, 천천히, 작게 해보기로 했다.

　　일단 지금의 지친 나를 회복시킬 수 있는 것을 찾아보았

들어가며

다. 여전히 바쁘고 에너지는 없으니 하루에 딱 5분만 바꿔 보는 걸로. 막상 5분짜리 활동을 떠올려보니 생각보다 많은 게 떠올랐다. 하루 5분으로 삶을 변화시키는 방법은 없는 줄 알았는데, 고민하고 찾아보니 생각보다 많았다. 아무 것도 안 하는 것보단 하는 게 낫고, 계속하는 건 더 나을 거란 생각이 들었다.

좋아하는 향수를 뿌리고 자신에게 미소를 지었다. 집에 가는 길에 산책을 했고, 하루에 세 줄 정도 일기를 적었다. 좋았던 일, 아쉬웠던 일, 그리고 나에게 보내는 응원 한마디. 좀 더 여력이 있을 때는 감사한 일을 적기도 했고, 기억해두고 싶은 일을 상세하게 적어보기도 했다. 다 합쳐서 15분이면 충분했다. 내게 미소 짓고 향수 뿌리기 10초, 세 줄일기 5분, 산책 10분. 그 15분으로 하루가 조금씩 바뀌기 시작했다. 일단 기본적인 에너지가 쌓였다. 바쁜 와중에도 스스로를 챙길 수 있었고, 자신을 위하는 사람이라는 생각도 들었다. 내가 나를 기분 좋게 해줄 수 있다는 걸 아는 것만으로 마음의 여유가 생겼다. 그래서 이번에는 체력을 길러보기로 했다. 24시간은 누구에게나 똑같으니, 그 24시간

원하는 삶으로 이끄는 아주 작은 루틴의 힘

속에 '컨디션 좋은 나'로 사는 시간이 중요했기 때문이다.

이번에도 작은 것부터 시작했다. 스트레스를 받으면 위염으로 고생하는 편이라 빈속에 커피 금지를 루틴으로 만들었다. 아침에 커피를 마시고 싶으면 다른 걸 먼저 먹었다. 눈 뜨자마자 스트레칭 또는 1분 플랭크를 했고, 자기 전에 5분 이내의 스트레칭으로 하루의 피로를 풀어줬다.

처음 한 달은 힘들었지만, 이후에는 아침이 상쾌해지기 시작했다. 잘 자고, 잘 일어났다. 아침에 일어나는 게 쉬워지니 출근 전에 공부할 체력이 생겼다. 출근길 지하철에서 10분 책 읽고, 출근 전 20~30분 정도 부족함을 느끼는 분야를 공부했다. 오늘 공부한 내용을 바로 업무에 활용하는 날에는 성장하고 있음이 느껴졌다. 하루 30분으로 나는 점점 유능해지고 있었고 스스로의 성장이 느껴지자 나에 대해, 삶에 대해 고민할 마음의 여유와 에너지도 생겼다.

하나하나 작은 변화들이 나타났다. 시작한 지 오래된 루틴은 어느새 하고 있다는 것도 잊을 정도였다. 이걸 해야 한다는 생각 없이 저절로 하고 있었다. 저절로 한다고 효과가 사라지는 것은 아니기에 점점 더 평온해지고, 건강해지고, 성장했다. 루틴은 잘 짜인 시스템처럼 삶에 녹아들었고, 그 시스템에 몇 가지 루틴을 더하는 것은 어렵지 않았다. 이 모든 게 적은 에너지로 가능하다는 사실이 너무 놀라웠다.

　　　．

　이 삶을 나뿐만 아니라 다른 사람에게도 전달하고 싶었다. 천천히, 작게, 오래하면 삶이 바뀐다는 걸 너무나 잘 알게 됐기 때문이다. 해야 할 일도, 하고 싶은 일도 많은데 시간과 에너지가 없는 사람, 과거의 나 말고도 많지 않을까? 그렇게 아이디어를 실행에 옮기고 이번에는 사업을 하루하루 쌓아가기 시작했다. 지금 이 서비스가 필요한 사람, 이 서비스로 삶을 바꿔가는 사람을 차근차근 모으고 그들의 피드백을 통해 더 좋은 서비스를 만들어갔다.

　그런 하루가 쌓여서 출시 2년 만에 100만 유저가 사용하는 하루 루틴 관리 앱 마이루틴의 대표가 됐다. 지난달부터 한국은 물론, 일본, 미국, 영국, 캐나다, 인도네시아 등 전 세계의 유저들이 가입했다. 스타트업 대표의 삶은 결코 쉽지도, 여유롭지도 않지만 루틴을 지키며 잘 지내는 중이다.

원하는 삶으로 이끄는 아주 작은 루틴의 힘

이제는 삶에서 소중하게 생각하는 가치를 챙기는 일이 그렇게 어렵지 않다. 열심히 일하면서도 나를 잘 챙기고, 성장을 위한 공부를 놓지 않으면서도 좋아하는 사람과 즐거운 시간을 보낸다. 건강, 체력, 멘탈, 아름다움 등의 가치가 반드시 마음을 다잡고 달려야만 얻을 수 있는 게 아니라는 걸, 오히려 천천히 작게 오래할수록 가까워진다는 걸 알게 되었다.

돌이켜 보면 처음에 루틴은 에너지를 얻기 위한 작은 변화였고, 시간이 지나서는 원하는 여러 가치를 삶에 더하는 수단이었으며, 이제는 원하는 하루를 살고 쌓아가게 돕는 가장 든든한 삶의 시스템이 됐다. 그로 인해 느껴지는 안정감, 뿌듯함, 충만감은 덤이고. 이제 나는 루틴으로 원하는 삶이 펼쳐진다는 걸 너무나 잘 알고 있다. 이 책에는 어떻게 조급함을 버리고 천천히 작게 시작할 수 있는지, 뼈대 루틴을 세우고 가지 루틴을 더하면서 5분 루틴을 어떻게 오래 계속할 수 있는지, 천천히 오래하면 삶에 어떤 변화가 생기는지 차근차근 담아보고자 한다. 1,000일 넘게 루틴을

40

실천해온 루티너이자, 마이루틴 앱을 만들며 책과 논문, 연구를 독파한 기획자로서 실전 노하우에 습관심리학 이론까지 모두 곁들여서 말이다.

시간과 에너지가 부족한 사람, 욕심은 많은데 무엇부터 시작해야 할지 모르는 사람, 작심삼일을 반복하는 사람 모두에게 도움이 될 거라 생각한다. 당신이 이런 사람에 해당한다면, 이 책과 함께 천천히, 작게 시작해보자. 작은 루틴이 꾸준히 이어지고 쌓여 당신이 원하는 삶이 펼쳐질 것이다.

옥민송

차례

1

루틴의 필요성 알기

루틴은 원하는 삶을 이루는 가장 확실한 방법이다

단계

2단계

아주 작은 루틴으로 시작하기

일단, 작게 시작하면 끝까지 계속하게 된다

3 단계

뼈대 루틴 세우고 가지 루틴 쌓기

루틴 세트를 만들어라, 루틴은 속도가 아니라 방향이다

루틴 세트 유지하기

끝까지 지속하는 힘의 비밀은 의지가 아닌 방법에 있다

나는 하루 5분만
바꾸기로 했다

루틴의
필요성 알기

루틴은
원하는 삶을 이루는
가장 확실한 방법이다

요즘의 나는 삶의 고점에 있든 저점에 있든, 치열하게 살든 느긋하게 살든 나를 위한 작은 행동을 실천하고 마음에 드는 순간을 늘려가고 있다. 내 삶을 잘 살아가기 위해서는 자기 신뢰가 필요하다. 나를 믿을 수 있을 때 일상은 보다 여유로워지고 위기는 덜 두려워지니까. 가끔 넘어졌을 때도 덜 다치고 얼른 일어날 수 있다. 작은 루틴을 꾸준히 실천하며 작은 성취를 쌓아가는 것은 심리학에서도 증명된 가장 확실한 자기 신뢰의 방법이다. 이것만으로도 루틴을 실천할 이유가 되지 않을까.

1

나를
믿게 된다

나는 살면서 세 번의 번아웃을 겪었다. 한 번은 직장인
으로 스타트업에서 일을 하다 관둘 때였고, 두 번은 창업
이후 대표로 일하면서였다. 어느 정도 각오하고 핸들링할
수 있었던 두 번의 번아웃과 달리 첫 번째 번아웃은 크고
무겁게 다가왔다. 그 시절 가장 힘들었던 건 자신을 믿지
못하는 것이었다. 에너지가 떨어질수록 누워 있고 싶었고,
누워 있을수록 자책과 불안은 커졌다. 아이러니하게도 직

장을 관둔 상태라 시간이 많아서 더 힘들었다. 반드시 해야 할 일을 하는 시간을 제외하고 깨어 있는 시간 내내 솟구치는 무기력을 견디는 건 어려운 일이었다. 무기력 뒤에는 필연적으로 불안감이 동반됐기에 이 감정을 감당하는 것만으로 에너지가 쭉쭉 빠지곤 했다.

누워 있을수록 상태가 더 안 좋아지는 것 같아 집 밖으로 나가는 걸 루틴으로 만들었다. 당시에는 루틴이라는 표현을 쓰진 않았지만 하루에 한 번은 집 밖을 나가려고 했다. 이왕이면 나가서 가볍게 산책하기. 산책은 누군가에겐 그리 어려운 일이 아닐지도 모른다. 지금의 내게도 어려운 일은 아니다. 심지어 당시 내가 생각하는 산책은 그다지 거창한 것도 아니었으니까. 하지만 그때는 어려웠다. 그때의 나는 배터리 5퍼센트의 핸드폰과 같아서, 평소엔 아무렇지 않게 해낼 수 있었던 모든 일이 어려웠다. 조금만 무리하면 방전될 것 같았달까. 그래서 아무 목적 없이 집 밖에 나가 1분만 걸어도 산책이라 생각했다. 볼일이 있어 나갔다 돌아오는 날에는 걷지 않아도 되는 길을 조금이라도 걸어도 산책이라고 생각했다. 둘 다 내가 '산책해야지' 생각하지 않

았으면 하지 않을 행동이니 아무리 작아도, 아무리 사소해
도 산책이라 생각했다.

＊

　정말 별것 아닌 산책이었지만, 산책이 주는 힘은 컸다.
오늘 하루도 내가 몸을 일으켰다는 사실이, 오늘 하루도
필요한 일을 해냈다는 성취감이 차곡차곡 쌓여갔다. 기분
좋은 감정이 커질수록, 산책하지 않은 날보다 산책하는 날
이 늘어났다. 그렇게 산책하는 날이 많아질수록 내가 할 수
있는 것도 늘어났다. 나는 매일 무언가를 해내고 있는 사람
이었으니까. 무언가를 해내고 있는 내가 다른 것도 해낼 거
라 믿는 건 그렇게 어렵지 않았다. 좋은 행동은 좋은 자기
인식을 만들고, 좋은 자기 인식은 다시 좋은 행동을 부른다
는 걸 그때 처음 느꼈다.

　걷는 시간이 점점 늘어났다. 시간이 늘어나면서 걸으며
이런저런 생각을 했다. 그 생각을 정리하고 싶어 핸드폰 음
성 녹음을 켜고 전화하듯 혼잣말을 했다. 머릿속에 가득했
던 생각을 입으로 뱉어내는 것만으로 속이 후련해졌다. 부
정적인 생각이 떨어져나갔다. 산책을 할 때의 나는 누워 있

을 때의 나보다 훨씬 긍정적인 사람이었다. 선선한 바깥의 공기, 초록이 주는 상쾌함, 몸을 움직이는 활력이 있기에 더더욱. 의도한 건 아니지만 산책하며 하는 말들은 때로는 일기, 때로는 의식적인 셀프 대화가 됐다. 여러 심리학 책에서 말하듯 긍정적인 셀프 대화가 마음 에너지를 키우는 데 도움이 된다는 걸 실감했던 시기였다.

　나와 대화하는 게 익숙해지면서 산책이 아닌 다른 곳에서도 자기 대화를 하게 되었다. 가족들이 없을 때의 집이나 씻고 나서 거울을 바라볼 때는 자기 대화를 하기에 괜찮은 상황이다. 얼마 전에는 스스로를 비난하고 있었는데, 어느새 매일 자신에게 칭찬과 응원, 격려를 건네는 사람이 돼 있었다. 신기했다. 처음부터 매일 나를 칭찬해야지, 응원해야지 생각했다면 아마 실패했을 것이다. 울컥울컥 올라오는 불안과 초조, 원망을 누르고 나를 칭찬하고 응원하기란 어려운 일이니까. 하지만 지금의 나는 아니었다. 매일 걷고, 생각을 정리하고, 나와 대화하는 루틴이 쌓이자 자신을 칭찬하고 응원하는 건 너무 자연스러운 행동이 됐다. 어느새 예전만큼 불안하지도, 스스로를 원망하지도 않았다. 작은 루틴이 쌓일수록 내면의 에너지도, 나에 대한 신뢰도 점점 채워졌다.

이 에너지와 신뢰를 앞으로도 잘 유지하고 싶었다. 좋은 행동이 계속되면 에너지가 쌓이듯, 안 좋은 행동이 계속되면 에너지와 신뢰가 떨어진단 걸 잘 알고 있었으니까. 그리고 그런 시간이 길어지면 점점 좋은 행동을 하기 어려워진다는 것도. 에너지를 채우고, 자기 신뢰를 쌓고, 유지할 수 있게 돕는 행동을 계속하는 것이 삶에서 중요한 목표가 됐다. 그리고 어느 순간 목표가 아닌 당연하게 지속하는 시스템이 됐다.

작은 행동이 지속되면 큰 변화를 만들어낸다는 것을 안다. 또 누구에게든 '이것만 해도 대단한 시기', '이것만으로 칭찬해줘야 하는 시기'가 있다는 것도 안다. 삶에 생각하지 못한 고난이 닥쳤을 때, 무언가에 실패했을 때, 마음의 에너지가 떨어졌을 때 우리는 '평소와 같이' 행동할 수 없다. 우리는 값을 입력하면 행동이 나오는 로봇이 아닌, 감정과 에너지가 요동치는 인간이기 때문이다.

사람들은 다른 사람의 단면만 보고 어떤 사람이라고 쉽게 판단한다. 사실 자신도 이렇게 판단하기 쉽다. 그나마 나의 여러 모습을 볼 수 있으니 좀 더 종합적으로 생각하지만, 에너지가 떨어지는 시기가 지속되면 남들이 못 보는 부정적인 모습까지 자주 보게 되니까. 하지만 우리는 멋진 모습을 보일 때도, 아쉬운 모습을 보일 때도 자신을 종합적으로 바라보고 인정해주어야 한다. 나를 복합적으로 봐줄 수 있는 사람은 나뿐이다.

작은 루틴을 통해 마음에 드는 자신의 모습을 쌓아보자. 항상 좋은 모습을 유지하라거나, 좋은 모습의 자신만 좋아할 수 있다는 말이 아니다. 하지만 마음에 드는 내 모습이 많아질수록 에너지 넘치는 순간에도, 허덕이는 순간에도 자신을 받아들이는 게 쉬워진다. 이왕이면 쉬운 게 좋지 않겠는가.

실제로 요즘의 나는 그렇게 살고 있다. 내가 삶의 고점에 있든 저점에 있든, 치열하게 살든 느긋하게 살든 나를

루틴은 원하는 삶을 이루는 가장 확실한 방법이다

위한 작은 행동을 실천하고 마음에 드는 순간을 늘려가고 있다. 하루하루 작은 성취감을 쌓아가는 일상에 감사하고 덕분에 힘든 순간이 와도 스스로를 잘 받아들일 수 있다. 평소 나에 대한 긍정적인 인식을 꾸준히 쌓고 에너지를 불어넣었기에, 힘든 시기에도 자신을 긍정하는 것이, '내가 지금 힘들어서 그래. 원래 이런 사람은 아니야'라고 생각하는 것이 쉬워졌다. 이 믿음은 다시 힘든 순간을 이겨내는 힘이 된다.

내 삶을 잘 살아가기 위해서는 자기 신뢰가 필요하다. 나를 믿을 수 있을 때 일상은 보다 여유로워지고 위기는 덜 두려워지니까. 가끔 넘어졌을 때도 덜 다치고 얼른 일어날 수 있고. 작은 루틴을 꾸준히 실천하며 작은 성취를 쌓아가는 것은 심리학에서도 증명된 가장 확실한 자기 신뢰의 방법이다. 이것만으로도 루틴을 실천할 이유가 되지 않을까.

2

내 취향을
알게 된다

루틴의 장점은 참 다양하지만, 그중 하나는 내 취향을 알게 된다는 것이다. 좋아 보이거나 멋있어 보이는 거 말고, 내가 진짜 좋아하고 근사하게 느끼는 게 뭔지 보인달까. 왜? 루틴은 거의 매일 하는 일이니까. 멋있어 보이는 걸 따라 하는 것도 하루, 이틀이지 매일은 할 수 없다. 좋아하지 않는 일은 에너지가 배로 들기 때문이다. 결국 정말 좋아하는 것들만 루틴으로 남게 된다. 물론 취향 자체가 변할 수는 있지만 루틴을 지속하면 취향의 변화를 빨리 눈치챌 수 있고, 변하면 변하는 대로 알아채고 챙기는 재미가 있다.

1,000일 넘게 루틴을 실천하며 많은 시도를 했다. 당연히 시행착오도 많았다. 처음 루틴을 만들 때는 다 하고 싶고 다 할 수 있다고 생각했지만 그렇지 않았다. 과욕을 부려 제대로 실천하지 못했고, 멋있어 보이는 루틴을 따라 하기도 했고, 누가 좋다고 하는 걸 덜컥 가져오기도 했으니 당연한 결과일지도 모른다. 지금 매일 챙기고 있는 루틴은 42개인데, 마이루틴에서 지금까지 시도한 루틴을 모아보니 212개였다. 이 중 너무 당연해서 빼버린 루틴이 20개라고 치면 70퍼센트의 루틴이 사라졌다.

그중 하나는 미라클 모닝이다. 아침 일찍 일어나 하루를 충만하게 시작하는 미라클 모닝은 내겐 맞지 않았다. 잘 맞는 사람에게는 매일 아침을 평온하게 시작하고, 자신감과 뿌듯함도 채워주는 루틴이겠지만 나는 아니었다. 보람을 느끼지도 못했고 하루 사이클과도 맞지 않았다. 만약 내가 대표가 아니었다면, 혹은 업무 범위가 좁거나 안정적인 회사에 다녔다면 달랐을 수도 있다. 하지만 업무 범위가 넓고, 온갖 일이 일어나며, 야근이나 술 마실 일도 많은 스타트업 대표에게는 아니었다.

매일 새로운 정보가 들어왔고 예측하지 못한 일이 생겨 야근이 많았다. 궁금하거나 지혜를 얻어야 하는 일이 생겨 회사 외부 사람에게 도움을 청할 때 늦은 시간의 줌 미팅 혹은 간단한 술자리가 생기는 일도 종종 있었다. 무엇보다 꽤 많은 파트가 동료들과 함께하는 일이었다. 나는 아침형 인간이니 너도 일찍 출근하라고 할 수는 없었다. 그러다 보니 일을 해내고 늦게 자는 일이 잦았다. 미라클 모닝을 생각하면 설레야 하는데 생각할수록 스트레스를 받았다. 실제로 꾸역꾸역 일어나 실천해도 하루가 피곤하니 불행한 느낌이랄까. 이 시간에 잠을 더 자고, 체력을 채우고 싶었다.

그래서 그만뒀다. 루틴을 위한 루틴이 되는 느낌이었으니까. 다만 미라클 모닝을 하고 싶었던 이유가 단지 멋있어 보여서는 아니었기에 내가 진짜 원하는 하루를 위해 아침을 좀 더 상쾌하고 느긋하게 시작하기로 했다. 그래서 눈 뜨자마자 물 마시기를 했다. 빈속에 미지근한 물이 내려가는 느낌이 좋았다. 적당히 느긋하고 상쾌하게 몸을 깨우는 느낌이랄까. 심지어 공복에 물 마시기는 건강에도 좋다고 하니 더 뿌듯했다.

매일 아침 공복에 물을 마시다가 에너지가 더 있는 날에는 5~10분 정도 스트레칭을 했다. 하지만 5분이라도 자는 게 더 귀한 시기에는 패스했다. 대신 물 마시고 바로 샤워하는 걸 시도했다. 샤워하면서 에너지를 더 올릴 방법은 없을까? 오늘의 무드에 맞는 플레이리스트 틀고 샤워하면 기분 좋고 에너지도 솟을 거란 생각이 들었다. 그래서 플레이리스트를 고르기 시작했다. 스스로에게 주고 싶은 메시지가 있으면 그 메시지를 담은 가사의 노래를 들었고, 가볍게 웃고 싶은 날에는 좋아하는 가수의 노래를 모아 듣기도 했다. 활력을 주는 노래, 가을 아침에 어울리는 노래 등 그때그때 끌리는 노래를 찾는 것도 좋았다. 그렇게 고른 음악을 들으면서 씻고 나오면 충분히 상쾌했다. 나는 상쾌하고 여유로운 아침을 좋아한다는 걸, 그리고 작은 행동으로도 아침을 상쾌하고 여유롭게 느낀다는 걸 알게 됐다.

저녁 루틴도 비슷했다. 자기 전 반신욕이나 족욕이 좋다는 이야기를 많이 들었지만 매일 하기에는 부담스러웠다. 개운함이 필요할 때는 뜨거운 물로 씻는 게 좋았다. 좋아하는 향의 바디워시를 쓰며 여유롭게 향을 즐기면 더 좋고. 족욕은 유난히 다리가 피곤한 날에만 했다. 씻고 나와 썸원 뉴스레터를 읽기도 했다. 자기 전에 유용한 정보를 읽으면 자면서 창의적인 생각을 한다는 글을 봤기 때문이다. 그게 아니더라도 하루를 뿌듯하게 마무리하기에 좋은 루틴이었다. 그 뉴스레터를 좋아해서 오랫동안 루틴을 지켰지만 어느 순간 그냥 쉬면서 웹툰을 보고 싶었다. 두 가지 마음이 상충했다. 그래서 고민하다 뉴스레터 읽는 시간을 바꾸고 밤에는 웹툰을 보며 쉬기로 했다. 대신 이 시간을 더 알차게 보내고 싶어 누워서 L자 다리를 하며 다리의 피로를 푸는 루틴을 추가했다. 좋아하는 웹툰과 다리 스트레칭이라니, 소소한 행복 그 자체였다.

최근에는 캔들 워머를 켜는 루틴을 추가했다. 휴식을 테마로 잡았다면, 조금 더 편안하고 행복하길 바랐기 때문이다. 아침 향수 루틴을 꾸준히 하고, 바디워시도 좋아하는 향을 골라 쓰는 만큼 캔들 워머 역시 내가 좋아할 거란 확신이 있었다. 아니나 다를까, 그날그날 기분에 따라 향을 고르고 은은하게 퍼지는 향을 음미하는 것은 요즘 제일 좋아하는 루틴이다. 향을 맡으며 멍하게 있다 보면 하루의 피로가 풀렸다. 게다가 캔들 워머에서 잔잔한 빛이 퍼지는 모습마저 마음에 들어 매일 밤이 훨씬 행복해졌다.

이처럼 루틴을 하다 보면 취향이 보인다. 내가 뭘 원하는지 알게 되고, 그걸 얻기 위해 선호하는 행동이 무엇인지 깨닫게 된다. 그래서 루틴을 만들 때 내가 무엇을 원하는지 항상 생각한다. 내게 잘 맞고, 쉬운 방식으로 달성하기 위해 원하는 목표와 맞닿으면서 실천 에너지는 적게 드는 루틴을 열심히 찾는 중이다. 바로 시작하기에도, 오래 지속하기에도 에너지가 적게 드는 루틴이 유리하니까.

그래서 목표 대비 가성비를 따진다. 무엇보다 유익한

20분짜리 스트레칭이 있어도, 그 유익함을 위해 20분이나 일찍 일어나고 싶지 않으면 하지 않았다. 5분 스트레칭으로도 하루를 상쾌하게 시작할 수 있겠다 싶으면 5분 스트레칭을 검색한다. 이왕이면 아침 의지력을 시험하지 않도록 누워서 시작하는 운동을 선호했다. 내가 찾은 아침 운동은 1분 플랭크였다. 눈 떠서 고개를 도리도리 흔들며 목만 살짝 풀어주고 엎드려서 바로 시작하면 되니까.

작은 루틴은 오래했을 때 힘을 발휘한다. 그리고 좋아하는 행동일수록 오래하기 쉽다. 목표든 행동이든 자신과 맞는 걸 찾아야 한다. 타인의 목표가 멋있어 보여서 따라하다가 이 정도까지 노력해서 얻고 싶은 목표가 아니란 걸 깨달을 수도 있고, 목표는 와닿지만 이 방법은 아니라고 생각할 수도 있다. 목표를 달성하는 방법은 하나가 아니니까 자신에게 맞는 방법을 찾을 때까지 짧게 짧게 시도해보는 게 좋다. 남들에게는 어렵지만 내게는 쉬운 게 있다. 남들에게는 재미없지만 내게는 즐거움을 주는 것도 있다.

내가 좋아하는 조각을 찾고 맞춰갈수록 나라는 퍼즐이

보인다. 예전의 나는 루틴을 만들 때 시행착오를 많이 거쳤는데, 요즘은 잘 맞을 것 같다는 생각이 들면 보통 잘 맞는다. 활동과 나의 궁합을 보는 눈이 좋아졌다. 뿐만 아니라 원하는 목표를 이뤄가는 데 도움이 되지만 잘 맞지 않는 루틴을 다른 방식으로 바꾸는 것도 능숙해졌다. 심지어 컨디션에 따라 같은 활동을 더 쉽거나 보람차게 바꾸는 것, 상황에 맞게 지속할 루틴과 그만둘 루틴을 구분하는 것도 쉬워졌다.

좋은 루틴은 하루아침에 완성되지 않는다. 하지만 좋은 루틴을 만드는 일은 점점 쉬워진다. 내 취향과 필요를 잘 알게 되기 때문이다. 내게 꼭 맞는 조각을 찾아 하루의 퍼즐을 맞춰가는 것이 즐겁다. 심지어 그 하루가 쌓여 원하는 삶에 가까워지는 건 루틴의 근사한 점이 아닐까.

3

도전하는
습관이 생긴다

:

누구나 한 번쯤은 잘해야 하는 일은 많은데 실력이 따라 오지 못하는 기분을 느껴봤을 것이다. 현재 능력보다 큰 목표를 좇아본 적 있는 사람이라면 분명 어떤 기분인지 알 것이다. 돌이켜 보면 창업 2, 3년 차에는 매일 능력 이상의 일이 쏟아졌다. 잘해야 하는 분야도 많았다. 제품 기획, 시장 조사, 투자 유치, 회계, 세무, HR까지. 개발과 디자인을 제외한 모든 일을 잘해야 하다 보니 이 일, 저 일 쳐내다 정신

루틴은 원하는 삶을 이루는 가장 확실한 방법이다

차리면 하루가 끝났다. 계속 이렇게 일할 수는 없었다. 적은 시간에 좋은 퀄리티를 만들어내기 위해서는 내가 성장해야 했다. 하루 2시간씩 공부를 하기로 결심했다. 아침에 2시간 일찍 일어나는 건 너무 어려운 목표였기에, 퇴근 후 2시간씩 공부를 하기로 했다.

한 달이 지났지만 달라진 건 없었다. 굳이 따진다면 조용히 쌓이는 자괴감이랄까. 퇴근 후 매일 2시간씩 공부하는 건 당연히 쉽지 않았다. 그날그날 일이 얼마나 많은지, 스트레스받은 일은 없는지, 퇴근 시간은 언제인지, 체력은 충분한지에 따라 공부 시간은 들쭉날쭉했다.

◗ ·

밑 빠진 독에 물 붓기만 하던 어느 날, 내 계획이 가능한 일이었나 의문이 들었다. 퇴근 후 하루 2시간 공부하기. 문제는 두 가지였다. 저녁이라는 시간대, 그리고 불분명한 목표. 퇴근 시간이 고정적이지 않았고, 일이 많은 날은 일만 해도 매우 피곤했다. 야근이 많은 날은 물리적인 시간 자체가 부족했다. 이 루틴을 언제까지 이어갈지, 이 루틴으로 무엇을 해낼지에 대한 목표도 불분명했다.

목표는 의욕을 자극하지 않았고, 계획도 능력보다 과했다. 빨리 잘하고 싶어서 욕심이 앞서면 더 늦어진다는 걸 깨닫고 다시 천천히 작게 해보기로 했다. 중요한 건 계속하는 것이니까. 실제로 하루 2시간을 목표로 한 달을 살아보니 10시간을 겨우 채웠다. 그렇다면 작게 시작해서 한 달에 10시간만 넘어도 성공이 아닐까? 한 달간 10시간을 공부하려면 하루에 얼마나 해야 하는지 계산했더니 하루 20분이 나왔다. 이 말인즉슨 다음 달에는 하루 20분만 공부하면 지난달보다 잘했다는 의미였다. 세상에, 그렇게 스트레스받으면서 했던 공부가 겨우 하루 20분이었다니. 허탈하면서도 새로운 도전 의식이 생겼다.

이번에는 아침에 20분 동안 공부하기로 했다. 퇴근하고 나서도 도전할 일이 있다는 건 마음에 부담을 주었기 때문이다. 심지어 일을 잘한 날에도 공부를 하지 못하면 100퍼센트 성취감을 느끼기 힘들었다. 하지만 아침에 한다면 실패를 빨리 확인할 수 있다. 20분 정도면 부담이 적으니 퇴근 후에 한 번 더 도전할 수도 있다. 하루에 기회가 두 번이나 있는 것이다. 그럼에도 아침에 해낸다면, 하루를 성취감

루틴은 원하는 삶을 이루는 가장 확실한 방법이다

으로 시작할 수 있을 것 같았다.

)

일단 습관으로 만드는 게 중요했기에 출근길을 활용하기로 했다. 우리의 뇌는 새로운 행동에 저항하기 때문에 생활을 크게 바꾸지 않아야 성공할 가능성을 높다. 당시 회사까지는 지하철을 타고 26분 정도 걸렸는데, 사람들의 출근 방향과 반대다 보니 앉아서 갈 수 있었다. 이때 10분 책 읽기를 목표로 삼았다. 20분을 읽을 수도 있지만 아슬아슬하게 느껴졌다. 지난밤 답하지 못한 메신저 답변만 해도 5~10분은 훌쩍 갔기 때문이다. 현실적으로 메신저 답변을 한 바퀴 돌고 바로 책을 읽기로 했다. 그랬더니 매일 최소 10분, 최대 20분은 책을 읽게 됐다. 작은 행동이었지만 충분히 뿌듯했고 지속하기도 쉬웠다. 시간이 제한돼 있다고 생각하니 오히려 집중력도 높아졌다. 어느새 업무에 적용할 수 있는 부분을 골라 읽게 됐다. 지하철에서 공부한 내용을 업무에 적용하는 날이면 성장하는 것이 느껴졌다.

)

책을 읽고 쌓인 지식과 지혜는 또 다른 깨달음을 주었

다. 내가 여러 분야를 골고루 잘해야 하는 건 맞지만 영역별 최고 전문가여야 하는 건 아니다. 사업을 잘하기 위해 10년 차 CPO만큼의 전문성이 필요할까? 큰 회사 CFO만큼 재무에 능해야 할까? 그렇지 않았다. 업무에서 아쉬운 부분은 분명히 보였고 분야별로 그 부분만 해소해도 성큼 나아갈 수 있겠다는 생각이 들었다. 마치 테트리스 게임을 하듯 분야별로 한 칸씩, 지금 딱 필요한 만큼만 빠르게.

그래서 지금 아쉬운 부분을 명확하게 정리하고 해결하기 위해 어떤 공부를 해야 하는지를 정리했다. 정리하고 나니 하루에 몇 시간씩, 한 달 만에 다 끝내버리고 싶은 욕심이 생겼지만 참았다. 결국 성공하지 못할 테니까. 지금 잘하고 있고, 앞으로 더 잘할 수 있다. 출근길 아침 독서가 꽤 좋았기에 이번에는 30분만 일찍 출근하기로 했다. 30분 일찍 출근해서 1층 카페에서 공부하기를 루틴으로 만들었다. 조금 늦어도 10분이든, 20분이든 공부하기로 결심했다.

출근길 10분 독서 루틴과 달리 이 루틴은 100일만 하기로 마음먹었다. 일찍 출근해 하루 30분 공부하는 건 출근

루틴은 원하는 삶을 이루는 가장 확실한 방법이다

길 10분 독서보다 어려운 목표니까 막연히 늘어지는 것보단 마무리를 정해야 지속할 수 있을 것 같았다. 하루 10분 독서와 출근 전 30분 공부가 합쳐진 100일이면 지금의 아쉬움을 해결할 수 있을 거란 자신감도 있었다. 당시 마이루틴 베타 테스트가 진행 중이었기에 앱에 '아침 성장 시간 30분' 루틴을 만들고 매일매일 체크했다. 독서 루틴은 달성 표시만 하고, 공부 루틴은 달성 표시를 하고 메모에 몇 번째 달성인지도 함께 기록했다. 1번, 2번, 3번, 횟수가 쌓일수록 뿌듯함이 커지고 계속하고 싶어졌다. 하루를 하지 못하면 다음 날 다시 숫자를 더했다. 컨디션이 좋은 날에는 더 일찍 출근하기도 했다.

그렇게 하루 30분, 최대 한 시간이 쌓였다. 바쁜 하루지만 더 성장하기 위해 하루 30분 이상 공부한 날이 더해질수록, 그 결과가 명확한 숫자로 보일수록 단순한 뿌듯함을 넘어 스스로에 대한 믿음이 강해졌다. 나는 성장을 위해 노력하는 사람이야. 어려움이나 좌절이 있어도 멈추지 않고 더 좋은 방법을 고민해내는 사람이야.

그렇게 100일이 되자, 계획한 일의 대부분을 해낼 수 있었다. 루틴을 성공한 경험이 처음은 아니었지만 이 루틴은 더욱 특별했다. 원하는 목표를 정하고 어떻게든 하기로 결심하는 대신, '지금 내 상황에서 해낼 수 있는 현실적인 방법을 고민해 성공한 경우'였기 때문이다.

사실 더 많은 걸 더 빨리 잘하고 싶어서 조급함이 생기는 순간도 있다. 하지만 이 경험을 통해 서두르는 것만이 답이 아님을, 오히려 더 늦어질 수 있음을 배웠다. 요즘은 더 빨리 더 많이 하지 못하는 나를 비난하기보다 '내가 이만큼 잘하고 싶어 마음이 급하구나' 인정하고 동기를 부여할 방법을 찾는다. 애정을 가진 일에 욕심이 없기는 힘들다. 욕심이 있는데도 충족하지 못하는 상황을 바라보는 것도 힘들다. 하지만 작게 시작해서 조금씩 해내는 걸 느끼며 조급함을 가라앉히고 스스로를 응원하는 건 가능하다.

100일 목표를 달성하고 아침 공부는 그만두었다. 나중에 필요하다는 생각이 들면 다시 도전하기로 했다. 대신 출근길 10분 독서는 유지했다. 10분이 쌓여 큰 변화를 만드는 걸 알기에 매일 그만큼은 성장하고 싶었다. 이 루틴 자체가

루틴은 원하는 삶을 이루는 가장 확실한 방법이다

'나는 매일 성장하는 사람'이라는 증거이기도 하니까.

　•

　생각해보면 과거의 나는 성장이 필요한 매 순간 시험 기간처럼 살았다. 공부는 안 하면서 공부해야 한다는 생각은 종일 하는 그런 시험 기간. 그러다 보니 하루 일과를 마치고 쉴 때도 맘 편히 쉬질 못했다. 그저 머릿속에 자리 잡은 강박이 몸도 마음도 불편하게 만들 뿐이었다. 이제 나는 '해야 한다' 생각만 하는 건 오히려 성장에 방해가 되는 걸 안다. 그렇다고 '지금 안 할 거면 잊어, 편히 쉬어' 한다고 바로 그러기도 쉽지 않다는 것 또한 안다. 그래서 요즘은 성장에 대한 조급함이 생기면, 5분만 써서 무엇을 할지를 정한다. 이미 내게는 '하루 10분 독서'와 '주말 2시간 성장 시간 보내기'라는 루틴이 존재하기에, 어떤 성장을 위해 뭘 할지 정하고, 그때 한다. 이렇게 정하면 실제로 내가 할 것을 알기에 쉴 때 괜한 걱정으로 나를 괴롭히지 않게 되었다.

　성장에는 시간이 걸린다. 지치지 않고 꾸준히 하는 것만이 중요하다. 성장하고 싶다면 지금 바로 할 수 있는 작은 일부터 떠올려보자. 할 때는 하고 쉴 때는 쉬면서 매일 꾸준히 하다 보면 지속할 수 있겠다는 자신감이 생긴다. 그때 조금 늘려서 계속하면 된다. 그런 하루하루가 쌓이다 보면 1년 전, 5년 전, 10년 전보다 훌쩍 성장한 자신이 있을 것이다. 루틴의 혜택은 복리로 쌓인다. 성장도 마찬가지다.

4

좋아하는
일을 하며
돈도 번다

우리는 100세 시대를 살고 있다. 남은 날 동안 어떤 일을 하며 먹고살아야 할까는 많은 사람의 고민이다. 회사가 평생을 보장해주지 않는 시대가 열리며, 일에 대해, 돈에 대해 고민하는 사람들이 늘어났다. 어차피 돈을 많이 벌수 없다면 좋아하는 일에 도전하겠다고 생각하는 사람부터 회사는 성실하게 다니되 업무 외 시간을 적극적으로 활용하며 N잡을 찾거나 투자를 하는 사람까지 대응 방식도 다양하다.

나 역시 이런 고민에서 자유롭지 않았다. 창업을 결심했던 건 대학교 4학년을 앞둔 겨울방학이었다. 재수하고 대학에 입학한 상태에서 휴학하고 배낭여행을 했고, 2년 동안 스타트업까지 알차게 다녔던 터라 나이는 스물여섯 살이었다. 대학교 4학년, 스물여섯 살, 창업. 좋아하는 일에 도전하고 싶었지만 확신은 없었고 휴학은 부담스러웠다. '지금 도전했다 실패하면 도대체 몇 살에 졸업하는 거지?'라는 생각에 두렵기도 했다. 이러지도 저러지도 못하며 고민하다가 내린 결론은 둘 다 하는 것이었다. 창업에 실패한다면 한 학기라도 빨리 졸업해 취업해야 하고, 성공한다면 시간이 지날수록 바빠질 테니 결과가 어떻든 최대한 수업을 들어둬야 한다고 생각했다.

학교와 창업 중에서는 창업이 더 중요하다고 판단했다. 하지만 학교를 아예 놓을 수는 없었다. 그래서 후회하지 않을 만큼 일을 하면서 취업을 하더라도 문제되지 않을 만큼의 학점을 획득하는 게 핵심 목표였다. 마치 직장을 다니며 사이드 잡을 준비하듯, 학교를 다니며 창업을 했다. 시간도, 체력도 부족한데 할 일은 넘치던 그때, 두 가지 목표를 잡기 위해 루틴을 적극적으로 활용했다.

일단 학업 루틴은 최소 시간에 최대 성과를 얻는 것이 목표였다. 당시 복수전공인 인류학 수업을 많이 듣고 있었는데, 한 과목도 빠짐없이 리딩과 글쓰기 과제가 있었다. 매일 등굣길과 하굣길에 지하철을 타면 리딩을 하고 글을 쓰는 것을 루틴으로 만들었다. 당시 집과 학교의 거리는 지하철과 버스를 합쳐 대략 1시간 10분 정도였는데, 이 루틴으로 하루 2시간 20분의 과제 시간을 벌 수 있었다. 학교 수업에 더 많은 시간을 빼는 것은 부담스러웠기에 강제적으로 수업 시간에 집중했고, 수업이 끝나면 5~10분 동안 머릿속에 꾹꾹 눌러 담는 루틴도 만들었다.

업무 루틴은 시간을 확보하는 것에 초점을 두었다. 수업과 팀플을 위한 시간을 제외하고 주 3회, 4시간, 그리고 주말 하루를 확보해 아예 학교 시간표에 넣어두었다. 이것만으로 일주일에 12시간+10시간으로, 총 22시간의 업무 시간을 확보할 수 있었다. 루틴의 핵심은 자동화이기에 어디서 일할지 고민하지 않고 학교와 집 근처 카페를 업무 장소로 정했다. 시간이 되면 그곳으로 이동해 정해진 시간만큼 일했고, 다른 생각은 하지 않았다. 여기에 하루 1시간 정도 짬짬이 일했더니 대략 27~28시간, 일반 직장인 기준 주 3.5일 동안 일할 수 있었다. 막상 시작하니 평일에는 업무 시간이 길지 않기에 무엇을 할지 고민하는 순간 생산성이 훅 떨어졌다. 그래서 매주 토요일에는 한 주를 회고하고 다음 주할 일을 계획하는 것, 일요일은 반드시 푹 쉬며 체력과 에너지를 회복하는 것을 주말 루틴으로 삼았다.

그렇게 한 학기가 지났다. 시작할 때는 대체 어떻게 굴러갈지 감도 오지 않았지만, 한 학기가 끝나자 나는 네 명의 동료와 함께 일하고 있었고, 첫 사업 아이템인 온라인 마음 관리 서비스 마인딩의 시장성 테스트도 마쳤다. 게다가 코워킹 스페이스 오픈 행사의 엘리베이터 피칭 대회에서 1등을 해 사무실을 구했고, 창업선도대학이라는 정부 지원 사업에 합격해 2700만 원 정도의 시드머니도 확보했다. 게다가 수업을 들었던 다섯 과목 모두 A를 받으며 기대

사업을 처음 시작했던 2017년 1학기 성적표

교과목 번호	강좌	교과목명(부제명)	교과 구분	전공 구분	학점	성적
045.013	004	인간관계의 심리학	교양		3	A+
206.320	001	문화와 권력	전선	복수전공	3	A-
206.338	001	문화와 의사소통	전선	복수전공	3	A0
206.420	001	사회집단과 불평등	전선	복수전공	3	A-
L0655.000 500	001	융합주제강좌: 행복	교양		3	A-

이상의 목표를 달성할 수 있었다. 하나만 해도 어려운 일을 모두 해낼 수 있었던 건 루틴을 통해 삶을 자동화하고 지속적인 시간을 확보할 수 있었던 덕분이다.

　　　　　　　　　　　·

　최근 많은 사람이 사이드 잡을 찾거나 창업을 꿈꾼다. 이왕 일하는 거 내가 좋아하는 일을 하고 싶은 마음도 있고, 회사의 월급만으로 평생 소득을 마련하기 어려운 시대인 것도 그 이유일 것이다. 이런 고민을 하고 있다면 지금의 일상을 접고 바로 도전하기보다 루틴을 활용해 시간을 확보하고 안정적으로 결과를 축적하면 좋겠다. 충분한 성과가 나기까지는 시간이 걸리고, 또 아무리 좋아하는 일이라도 막상 해보면 생각과 다를 수 있기 때문이다. 또 여러 시도를 통해 가장 잘 맞는 방식을 찾아낼 수도 있다. 나 역시 학교를 휴학하고 사업을 했다면 오히려 시간이 많다고 생각해 시간을 낭비하거나, 불안감 때문에 집중하지 못했을 것이다.

나뿐만 아니라 창업한 대표, 회사를 다니며 사이드 잡으로 자기만의 파이프라인을 구축한 사람, 투자를 통해 제2의 삶을 시작한 사람들의 이야기를 들어보면 많은 사람이 처음부터 그 일에 모든 시간을 쏟지 않았던 걸 확인할 수 있다. 현재 하는 일을 그대로 하면서 작게 도전하고, 그 도전을 통해 노하우와 결과를 쌓아 원하는 방향으로 나아갔던 것이다.

변화는 행동이 쌓여 만들어진다. 유튜버 류한빈 님은 직장을 다니며 자기 관리 유튜브 채널을 운영했고, 채널을 통해 얻게 된 '시간 관리 전문가'라는 타이틀로 시간 관리 플래너를 만들어 판매 수익을 냈다. 적은 연봉으로 2년 만에 1억을 모은 김짠부 님은 처음엔 회사를 다니며 돈을 아끼고 저축하는 것에만 집중했는데, 어느 순간 부수입을 벌기 위해 다른 일을 했고, 그러다 보니 제태크에도 관심이 생겨 금융 지식을 얻고 투자까지 하게 됐다고 한다. 4년 만에 30억을 모으며 경제적 자유를 달성한 부세 님 역시 회사를 다니며 퇴근 후에 부동산 매물을 리서치하고, 토요일에는 임장을 다니고, 일요일에는 휴식을 취하는 루틴을 4년간 꾸준히 지켜왔다고 밝혔다. 모두 매일의 노력이 당장의 결과로 이어지지 않아도, 목표를 이루는 데 도움이 될 것을 믿었기에 오랜 기간 꾸준히 지속했다고 말한다.

글쓰기를 좋아하는 사람이라면 하루 한 편씩 블로그에 글을 올려보자. 한 편의 글을 매일 쓰는 게 부담스럽다면 평일에 한 편, 주말에 한 편 올리는 것을 목표로 해도 좋다. 그림을 잘 그린다면 하루 15분 그림 강의를 듣고 15분 그림을 그리다가 이모티콘을 만들 수도 있고. 현재 하는 일에 애착이 있고 잘한다면 그 노하우를 정리해 PDF로 만들거나, 인스타그램 부계정을 운영하거나, 강연을 해볼 수도 있을 것이다.

우리는 모두 24시간을 살아간다. 시간은 부족해 보이지만, 찬찬히 들여다보면 생각보다 많다. 원하는 일을 하며 돈도 벌고 싶다면, 그 방향으로 갈 수 있는 작은 루틴부터 실천해보자. 하나라도 시작하는 순간, 계속하게 될 것이다.

5

건강한
몸을 만든다

나는 마라탕을 좋아한다. 마라샹궈도 좋아한다. 떡볶이도 좋고, 뭘 먹든 떡 사리는 꼭 추가하는 편이다. 평소 짜게 먹는 편은 아니지만 짭짤한 감자칩을 좋아해서 한 박스씩 두고 먹기도 한다. 직업 특성상 채용, 투자 유치, 멘토링 등으로 사람을 만날 일이 많아 술과 함께하는 저녁도 잦다. 기본적으로 맛있는 음식을 좋아하고 음식과 잘 맞는 술을 골라 페어링하는 것을 선호한다.

82

그럼에도 불구하고 창업 이후 162cm의 키에 47~53kg의 몸무게를 유지하고 있다. 대부분은 49.5~51kg로 근육이 줄었을 때는 49.5kg, 근육이 늘었을 때는 51kg이 선호하는 몸무게다. 눈바디를 통해 적당한 허리 라인을 체크하고, 종종 하복근은 잃어도 상복근은 보이는 몸을 유지한다. 이를 위해 다이어트를 한 적은 없다. 일을 1순위로 두는 한, 힘든 다이어트를 할 수 없다는 것도 잘 알고 있다. 머리를 많이 쓰고, 늦게까지 일하고, 많은 사람과 교류하기에 무리해서 다이어트를 하다가 체력이 떨어지거나 예민해지고 싶지 않다. 어떻게 좋아하는 음식을 모두 먹으면서 몸을 유지할 수 있을까?

이 역시 루틴의 힘이다. 사실 90퍼센트는 루틴이 지켜줬다고 할 수 있다. 루틴을 만드는 건 자신에게 좋은 시스템을 쌓는 것이다. 작게 시작해서 지속하다 보면 어느 순간 신경 쓰지 않아도 습관처럼 유지된다. 루틴을 하나둘 더하다 보면 어느새 단단한 시스템이 만들어진다. 건강한 몸에 영향을 미치는 요소는 크게 세 가지다. 식단, 운동, 그리고 생활 습관. 참고로 생활 습관에는 적당한 수면, 바른 자세,

물 마시기 등이 해당한다. 그리고 모든 루틴이 그렇듯 효과적인 것 중에서도 쉽게 할 수 있는 걸 하는 게 유리하다.

먼저 식단부터 살펴보자. 나는 엄격하게 식단을 관리하진 않지만 느슨하고 꾸준히 관리한다. 기본적으로 주 2~3회 가벼운 식사, 하루 두 끼 단백질 포함 식사 루틴을 지키는 편이다. 절대 삼시 세끼를 가볍게 먹거나, 매일 가벼운 식사를 하려 노력하지 않는다. 대신 몸무게가 51킬로그램을 넘어가면 가벼운 식사를 주 3~4회로 늘리고, 52킬로그램이 넘어가면 주 4~5회로 늘린다. 보통 그전에 목표 몸무게로 돌아간다. 반대로 49.5킬로그램 이하일 때는 먹고 싶은 음식을 다 먹는다. 물론 가벼운 식사를 먹을 때도 있지만, 굳이 루틴으로 지키진 않는다. 그러다가 49.5킬로그램이 넘어가면 다시 주 2~3회 가벼운 식사를 한다.

참고로 가벼운 식사는 닭가슴살이나 고구마가 아니다. 보통은 든든한 샐러드나 포케, 단백질이 포함된 한식이나 초밥을 먹는다. 샐러드를 먹을 때는 소스를 뿌리지 않고 가끔 찍어 먹는다. 가벼운 식사로 한식이나 초밥을 먹을 때는 밥 양을 줄인다. 보통 밥은 반 그릇, 초밥은 밥을 3분의 1 정도 빼고 먹는다. 그 외 하루 두 끼 단백질이 포함된 식사를 챙기려고 한다. 전반적으로 사회생활을 하면서도 챙길 수 있는 식사를 하려고 노력한다. 그래야 계속할 수 있기 때문이다.

술을 마시는 날은 직전 끼니나 다음 날 점심을 가볍게 먹는다. 하루 많이 먹은 건 하루 가볍게 먹으면 바로 빠지지만, 이틀 넘게 누적되면 살이 될 가능성이 크기 때문이다. 단, 팀원과 1on1이나 다른 미팅이 있을 경우에는 그에 집중한다. 살이 1킬로그램 덜 찌는 것보다 그 자리가 중요하기 때문이다. 이 정도만 챙겨도 좋아하는 음식을 먹으면서도 몸을 유지할 수 있다.

그리고 탄산음료를 마시지 않는다. 예전에 빵, 떡, 간식, 탄산 중 하나만 끊어도 살이 빠진다는 글을 본 적이 있다. 나는 탄산이 제일 끊기 쉬웠다. 절대 안 먹는 건 아니고 굳이 먹지는 않으며 가끔 속이 안 좋거나, 누군가가 따라주면 한두 모금은 마신다. 사람들이 흔히 하는 실수가 안 먹다가 한 번 먹으면 많이 먹어버리는 건데 그건 주의한다.

적당히 날씬한 게 목표라면 운동은 그렇게까지 중요하진 않다. 좋은 식습관만 가지고 있어도 가능하기 때문이다. 하지만 체력을 기르고 싶거나, 어느 정도 근육이 붙어 있는 몸이 좋다면 운동도 챙겨야 한다. 나는 작은 운동 루틴과 큰 운동 루틴이 있다. 전자는 몸의 라인을 잡고 일상 운동량을 늘리는 데, 후자는 체력을 기르고 근육량을 늘리는 데 초점을 둔다. 작은 운동 루틴은 퇴근 후 11층을 계단으로 올라가기, 샤워할 때 30번 흉곽 호흡하기, 복근이 사라질 것 같으면 매일 1분 플랭크를 하는 것이다. 셋 다 5분도 안 걸리는데도 효과적이다. 계단으로 올라갈 때는 발바닥에 힘을 주고 엉덩이 근육을 자극하며 걷는다. 흉곽 호흡은 몸통 사이즈를 줄이는 데, 플랭크는 코어 근육을 잡는 데 효과가 있다. 신경 쓰고 싶은 신체 부위가 있으면 그와 관련된 3분 내외 운동을 루틴에 추가한다. 큰 운동 루틴은 딱 하나로 주 2회 50분 이상 헬스를 한다. 예전에는 재미없는 운동은 못 했는데, 요즘은 체력이 1순위다 보니 하게 되고, 하다 보니 나름의 재미가 쌓여 꾸준히 하고 있다.

사소한 생활 습관도 계속 쌓여가는 중이다. 기본적으로 물을 많이 마신다. 처음 습관을 잡을 땐 500밀리리터짜리 물을 사놓고 하루에 네 번 비웠다. 오전에 한 번, 오후에 두 번, 집에서 한 번 비우는 루틴이었다. 어느 순간 익숙해지니 500밀리리터 물을 사지 않아도 2리터는 거뜬히 마시게 됐다. 살이 좀 찐 것 같으면 일부러 몸에 붙는 옷이나 크롭티를 입는다. 이런 옷은 입는 것만으로 자연스럽게 코어에 힘을 주고 바른 자세를 유지하게 만든다. 일주일만 그렇게 입어도 배가 들어가고 라인이 정돈된다. 화장실에 갔다 올 때 항상 스트레칭을 하고, 마이루틴에 루틴을 체크하면서 자세를 돌아보고 바르게 앉는다. 자기 전에 누워서 웹툰을 볼 때는 L자 다리를 하며 피로를 풀고 부기를 빼준다.

하나하나 적으니 꽤 많은 루틴을 하고 있지만, 루틴을 유지하는 데 드는 에너지는 0에 가깝다. 이미 몇 년 전부터 조금씩 쌓아가며 반복했기 때문이다. 뇌는 하던 걸 잘한다. 그러니 원하는 몸을 만들고 꾸준히 유지하고 싶다면, 이를 위한 작은 루틴을 만들어 뇌가 에너지를 쓰지 않고도 잘할 수 있는 상태로 만들자. 물론 계획적인 다이어트를 하지 말라는 말은 아니다. 다이어트 의욕이 솟아오른다면 굳이 작은 루틴부터 시작할 이유는 없다. 하지만 크고 작은 일이 끊임없이 생기는 일상에서 다이어트에 꾸준하게 에너지를 들이기는 힘들다. 그러니 제대로 된 다이어트를 할 때도 하지 않을 때도 원하는 몸을 유지할 수 있도록 루틴을 만들어 보자. 작고 사소한 루틴을 하나하나 쌓아가다 보면 어느새 맛있는 음식을 먹으면서도 원하는 몸이 유지되는 기쁨을 느낄 수 있을 것이다.

6

단단한 마음을
유지한다

루틴 관리를 시작한 지 1,000일 차, 요즘 나는 하루에 30~40개 이상의 루틴을 소화한다. 이 루틴 중에는 일을 잘하기 위한 것도 있고 즐겁게 살거나 성장하기 위한 것도 있다. 하지만 모든 루틴을 무조건 지키는 건 아니다. 결국 루틴은 원하는 삶을 잘 살아가기 위한 수단이기에, 내가 원하는 삶을 사는 데 큰 도움이 되지 않는다면 그만하거나 쉬어간다. 그래서 내 루틴은 자주 바뀐다. 내가 추구하는 가치

루틴은 원하는 삶을 이루는 가장 확실한 방법이다

는 크게 달라지지 않지만 일상은 조금씩 바뀌기 때문이다.

그럼에도 불구하고 항상 지키는 루틴이 있다. 이 루틴을 기본 루틴, 뼈대 루틴이라고 부른다. 눈 뜨면 물 마시기, 향수 뿌리며 미소 짓기, 하루에 물 2리터 마시기, 영양제 챙겨 먹기로 네 가지다. 눈 뜨면 물 마시기는 하루가 시작된다는 의미다. 평범한 일상에도, 여행을 가느라 유난히 일찍 눈을 뜬 아침에도, 피치 못한 일로 밤새 일하고 오후에 일어난 날에도 이 루틴을 지속한다. 이 루틴은 내가 어떤 상황에서든 원하는 방식으로 하루를 시작하고 있다는 신호다. 좋아하는 향수를 뿌리며 미소 짓는 건 매일 나를 챙기고 있음을, 나의 기쁨과 즐거움에 신경 쓰고 있음을 알려준다. 바쁘거나 힘든 시기에는 삶의 긍정적인 자극에 무감각해지기 쉬운데 그 마지노선을 챙겨주는 루틴이다. 여유롭고 편안한 시기에는 하루를 더 즐겁게 만들어주는 루틴이기도 하다. 영양제를 챙겨 먹는 것과 하루에 물 2리터를 마시는 것은 건강을 지키도록 도와주는 동시에 삶의 통제감을 느낄 수 있게 해준다.

나는 무리하는 시기에는 모든 것을 챙기려고 하지 않는다. 그건 과한 기대라고 생각한다. 동시에 아무리 힘든 시기에도 어떤 선 아래로 떨어지지 않도록 노력한다. 이걸 가능하게 하는 게 기본 루틴이다. 기본 루틴은 여유롭고 편한 시기에는 사소해 보이는 작은 루틴이다. 하지만 평소에 잘 지켜야 힘들 때도 지킬 힘이 생긴다. 기본 루틴을 지키는 것만으로 내가 좋은 시기에도, 힘든 시기에도 변함없이 나를 챙기고 있다는 증거가 되기 때문이다. 삶의 오르막에서도 내리막에서도 내가 스스로를 챙기고 있다는 사실 자체가 주는 안정감이 있다. 나는 이걸 삶의 바닥이 높아졌다고 표현하는데, 바닥이 너무 낮지 않다는 걸 인지하는 것만으로 어려운 상황을 견딜 힘이 생긴다.

바쁘거나 힘들 때는 최소한의 루틴을 유지하며 에너지를 비축하는 걸 추천하지만, 오히려 힘든 시기에 더 필요한 루틴도 있다. 힘든 시기를 잘 견딜 수 있게 도와주는 멘탈 관리 루틴이 그 주인공이다. 이런 시기에는 효과적이었던 두세 개 정도의 루틴을 챙기는 편이다.

일단 바쁘거나 힘든 시기에는 주 2회 운동하기 루틴을 꼭 챙긴다. 시간도 없고 의욕도 없기에 운동은 내려놓고 싶지만, 오히려 더 나빠진다. 1~2주 정도 바쁜 상황이라면 차라리 괜찮다. 하지만 바쁘거나 힘든 시기가 길어진다면 운동 루틴은 필수다. 건강한 몸과 마음은 연결돼 있기에, 신체 건강을 놓치면 정신 건강이 더 빠르게 무너진다. 실제로 운동은 많은 심리학에서 추천하는 멘탈 관리 방법이기도 하다. 몸을 움직이고 근육을 쓰는 것만으로 스트레스가 날아가고 에너지가 올라온다. 게다가 운동에 몰입하는 것만으로 생각을 멈추고 현재에 집중하게 하는 명상 효과가 있다. 운동은 사람을 긍정적으로 만든다. 체력이 쌓이면 같은 일을 해도 덜 지치는 것에 더해, 위기 상황에 좌절하지 않고 긍정적인 생각을 하는 걸 쉽게 만든다. 실제로 낙담해 있다가도 운동을 하고 나면 뭔가 해볼 만하게 느껴지는 것도 운동의 효과다.

힘든 시기에도 열심히 지키는 두 번째 루틴은 바로 감정 일기다. 감정 일기는 말 그대로 감정에 집중해서 쓰는 일기로, 단순히 좋다거나 나쁘다가 아닌 기쁘다, 충만하다, 불안하다, 질투 난다, 화가 난다, 슬프다 등 내가 느끼는 감정을 구체적인 감정 단어로 표현하고 쓰는 일기다. 스트레스를 받는 빈도가 늘어나면 이 루틴을 필수 루틴에 추가한다. 부정적인 감정을 즉각적으로 다독이기에도, 긍정적인 감정을 조금이라도 더 음미하기에도 도움이 되기 때문이다. 실제로 감정 기복이 큰 시기에는 감정 일기를 하루에도 6~7번씩 쓰기도 했다. 감정은 묵혀두면 곪는다. 나중에는 내가 느끼는 감정이 무엇인지 인지하지 못하게 되거나, 인지하더라도 왜 느끼는지를 알아채지 못한다. 하지만 바로바로 다루면 정확하게 알아채고 빠르게 풀 수 있다. 실제로 불안했다가 희망에 찼다가 자신감이 넘쳤다가 좌절했다가를 반복하던 창업 초기에 감정 일기 쓰기 루틴이 힘이 됐다.

감정 일기를 쓰다 보면 스트레스받을 때의 행동 패턴이 보인다. 나는 스트레스 받으면 웹툰을 보거나 SNS를 보거나 자곤 했다. 지금의 현실에서 눈을 돌리고 감정을 둔화시키려는 것이다. 이걸 알아채고 나면 웹툰을 보거나 SNS를 켜거나 계속 졸릴 때 혹시 스트레스를 받았나 하고 돌아볼 수 있었다. 바쁜데도 불구하고 왜 딴짓을 하는지도 알게 되었고, 평소 신경 쓰지 않던 것을 왜 신경 쓰는지도 보였다.

감정 일기는 긍정적인 감정을 알아채고, 확대하고, 음미하는 데도 도움이 된다. 힘들 때도 희망이 보이거나 기분 좋아지는 순간을 알아채는 게 중요하다. 그것만으로 '요즘 힘들기만 하다'는 생각에서 벗어날 수 있고, 글을 쓰면서 긍정적인 감정이 강해지는 걸 느낀다. 이처럼 감정 일기는 긍정적이든 부정적이든 스스로의 마음을 알아채고 자신에게 필요한 행동을 하게 돕는 효과적인 멘탈 관리 루틴이다.

·

루틴은 건강한 마음을 유지하는 데도 도움이 된다. 일상 멘탈을 관리하기에도, 힘든 시기를 지탱하기에도 유용한 도구이기 때문이다. 하루에 하나라도 작은 성취를 경험하는 것 자체가 자기 효능감을 높이는 가장 효과적인 방법이다. 그뿐만 아니라 루틴은 일종의 온도계의 역할도 한다. 루틴을 꾸준히 지키다 보면 별 탈 없이 수월하게 잘 지키는 시기와 행동 하나하나가 유난히 어려워지는 시기가 있는데, 이 자체가 삶의 속도와 스트레스 수준을 가늠하게 해준다.

처음 번아웃이 왔을 때는 내 가치관이 뿌리부터 흔들리는 느낌이었다. 실제로 번아웃을 겪는 주위 사람들을 보면 '사실 나는 성장하는 걸 싫어하는 걸까?', '이제 나는 일을 싫어하나?' 같은 의심으로 두 배는 괴로워하는 걸 종종 본다. 내가 자랑스러워했던 내 모습이 부질없게 느껴지면서 이중으로 심리적 타격을 받는 것이리라.

하지만 그렇지 않다. 그저 그런 시기일 뿐이다. 그저 기본적인 것을 챙기기 힘들 만큼 심리적 에너지가 부족했을 뿐임을 깨달았다. 다들 마찬가지다. 내가 열심히 살지 않는 사람이거나 에너지 없는 사람인 것이 아니라, 열심히 살기 힘들거나 에너지가 없는 시기가 온 것뿐이다. 결국 그 시기는 지나갈 것이고, 지나가고 나면 내가 잘 아는 나로 돌아올 것이다.

요즘도 과속은 한다. 하지만 과속하는 이유와 과속이 길어지면 따라올 대가를 알고, 그럼에도 불구하고 필요하다면 과속을 한다. 최대한 안전하게, 덜 다치고자 노력하고. 노력하면 조금이라도 에너지를 더 챙기고, 조금이라도 덜 힘들다는 걸 알기 때문이다. 덕분에 요즘은 달릴 수 있는 속도 자체가 많이 높아졌고, 모든 과속이 번아웃으로 이어지지도 않는다.

가끔 넘어지면 많은 생각을 하지 않고 잘 주저앉아 있다가, 잘 일어나려 한다. 이 시기가 영원할 거란 생각에 두려움에 떨거나, 에너지가 떨어진 나를 다그치며 진정성을 의심하지 않는다. 매일 기본 루틴을 지키다 보면 지금 이 순간도 지나가는 시간임을 느낀다. 기본 루틴이 나의 바닥을 높여주었고, 그 바닥에서 빠져나오는 것을 도와주었다. 그러다 보면 다시 잘 지낼 때의 나를 볼 수 있다는 것도 기억하게 된다.

따지고 보면 하루 5분도 안 되는 시간이다. 눈 뜨면 물 마시기 30초, 향수 뿌리고 미소 짓기 10초, 물 몇 잔 더 마시고, 영양제 챙겨 먹기 3분. 하지만 그 5분은 24시간에 영향을 미친다. 그래, 겨우 하루 5분으로 나를 챙기며 사는 중이다. 5분 덕분에 내가 좋아하는 활동을 삶에 더해가는 것이, 때때로 과속하며 사는 것이 어렵지 않다. 앞으로도 삶에는 오르막과 내리막이 있을 것임을 안다. 그리고 그 모든 길을 잘 걸어갈 것도 이제는 안다.

7

삶의 중심을
잡는다

나는 욕심쟁이다. '이거 하나만 잘하면 다른 건 상관없어'라는 생각을 잘 하지 않는다. 물론 지금 하는 일이 중요해서, 잘해야 하는 이유가 많아서 때때로 일상의 1순위를 내어주지만, 그 시기가 지나면 다시 욕심쟁이의 삶으로 돌아온다. 여러 역할을 모두 잘해내고 싶고, 삶의 소중한 가치를 모두 잘 챙기고 싶다. 유능한 대표인 동시에 든든한 딸이고 싶고, 유쾌하고 속 깊은 친구이자 사랑스러운 연인

1단계 루틴의 필요성 알기

이고 싶다. 모든 순간 나를 잘 챙기고 의미 있는 가치를 지지하고 싶다. 이것이 내가 루틴을 지키는 가장 큰 이유다. 루틴은 적은 에너지로 원하는 삶을 살 수 있게 도와준다. 내가 원하는 삶과 연결된 루틴을 만들고 쌓아갈수록 점점 더 적은 에너지로, 점점 더 만족스러운 삶을 살 수 있다.

　내 삶에서 중요하게 생각하는 가치는 대부분 루틴이 되었고, 루틴 하나하나는 나름의 이유가 있다. 마이루틴에 체크하는 데일리 루틴과 위클리 루틴, 암시적으로 지키는 먼슬리 루틴 모두 한정된 시간에 많은 것을 챙기는 데 도움을 준다.

　데일리 루틴은 중요하거나, 매일 해야 효과가 있는 것이 들어간다. 대표적으로 건강과 체력 챙기기, 멘탈을 지키기, 성장이나 외모 관리를 위한 루틴이 들어간다. 기본적인 자기 관리는 모두 데일리 루틴에서 이루어진다고 볼 수 있다. 반면 위클리 루틴과 먼슬리 루틴은 삶의 균형을 잡기 위해 활용한다. 대표적으로 관계와 관련된 루틴이 여기 들어간다. 나는 가족도, 친구도, 연인도 중요한 사람이라, 이를 위한 루틴이 있다. 예를 들어 매달 첫 번째 일요일 점심은 엄마와 먹는다든가, 두 달에 한 번은 식구가 모두 모여 저녁을 먹는다는 루틴이 있다. 일단 가족과 저녁 약속을 잡고 그날 식사를 마칠 때 다음 약속을 잡아둔다.

그리고 한 달에 두 번은 편한 사람을 만난다. 그냥 함께 있는 것만으로 에너지가 채워지는 사람. 또 한 달에 두 번은 영감을 주는 사람 만난다. 관심 가는 주제가 있을 땐 그 주제와 관련된 사람, 특별한 주제가 없을 땐 대화하면 뭔가 영감이 생길 것 같은 사람을 만난다. 마지막으로 한 달에 한 번은 재미있는 사람을 만난다. 뭔가 활동적인 걸 같이하는 사람. 물론 재미있는 사람이 편하거나, 편한 사람이 영감을 주기도 한다. 물론 모두 해당하는 사람도 있다. 명확하게 하나하나 분리되진 않는다. 아무튼 이렇게 정해두는 것만으로 의미 있는 관계를 잘 챙길 수 있다.

하지만 관계만이 중요한 건 아니기에 보통 약속 횟수의 최대치를 정해둔다. 시기에 따라 두 개에서 다섯 개까지 유동적이다. 보통은 세 개를 기준으로 하고 하나는 업무 겸 편안함, 업무 겸 재미인 약속을 포함한다. 업무와 관련한

미팅은 약속으로 치지 않는다.

내게 필요한 최소 휴식 시간도 루틴으로 챙기는 편이다. 나는 침대에서 에너지가 충전되는 사람이라 아무리 바빠도 주말 반나절은 꼭 침대에서 보내곤 한다. 적당히 에너지 있는 주간에는 반나절, 에너지를 모두 쓴 주간에는 하루를 꽉 채워서 침대에서 보낸다. 이렇게 휴식 시간을 루틴으로 정해두면 그 시간에 아무것도 안 해도 죄책감을 느끼지 않는다. 잘 쉬었다고 루틴 달성에 표시할 수 있다.

원하는 게 생기면 그걸 위한 루틴을 추가한다. 상황에 맞게 작은 노력으로 큰 효과를 낼 수 있도록 고민하면서 말이다. 피부 관리를 해야겠다고 생각하면 피부에 뭐가 좋은지 알아보고 완벽한 루틴을 짜기보다는 가장 필요하고 간단한 한 가지가 뭔지 생각한다. 그 결과 팩을 하기로 했다면, 하루 중 언제 팩을 해야 가장 쉽게 할 수 있을지 고민한다. 밤에 씻고 누워서 L자 다리 스트레칭을 하며 웹툰 볼 때가 최고의 타이밍임을 발견할 수 있다. 그때 팩을 하는 루틴을 만들고 바로 시작한다. 일단 시작하면 피부 관리에 대한 관심이 늘어나 다른 루틴을 더하게 된다. 세상 돌아가는 일을 더 알고 싶으면 뉴스 읽기를, 환경을 챙기고 싶으면 카페에 텀블러 가져가기나 하루 한 끼 채식을 루틴에 추가한다.

하지만 원하는 게 있는데 아무리 생각해도 쉬운 방법이 떠오르지 않거나 빠른 시간 안에 해야 한다면 할 수밖에 없는 환경을 세팅한다. 공부할 시간이 필요해 아침 일찍 일어나야 한다면 아침에 잘 일어나거나 일어나야 하는 친구와 내기를 한다. 체력이 떨어지면 퍼스널트레이닝을 하며 습관이 될 때까지 삶에 끼워 넣는다. 올해 초 새로운 취미를 찾을 때는 예전부터 관심 있는 드럼을 배우고 싶어서 바로 학원에 등록했다. 이처럼 원하는 게 생기면 최소 단위를 고민해 루틴으로 만들거나, 어려워도 할 수밖에 없는 환경을 만드는 것이 습관이 됐다. 그러니 새로운 일을 시작하는 게 쉬워졌다.

글로 보면 꽤 복잡하게 사는 느낌이지만 실제로는 그렇지 않다. 작은 루틴을 만들고 실천한 뒤 익숙해진 상태에서 필요를 느낄 때마다 하나씩 더해왔기 때문이다. 일단 루틴이 습관이 되는 순간, 하나씩 더해가는 건 쉬워진다. 오랫동안 삶에 녹여왔기에 모든 루틴을 지키는 게 어렵지 않다. 사람들은 보통 거창하게, 본격적으로, 제대로 시작하려고 한다. 그러면 보통 실패한다. 의지가 약해지는 순간에 포기해버리기 때문이다. 나는 슬금슬금 한다. 가장 기본적이고 쉬운 것에서 시작해 하나씩 더해간다. 그러면 기존 일상을 지키면서도 새로운 걸 쉽게 해낼 수 있다. 그렇게 이전과 같은 24시간을 살면서도 균형을 잡을 수 있게 됐다.

그렇다고 모든 상황에서 모든 루틴을 지키는 건 아니다. 루틴은 내가 원하는 삶을 잘 살아가기 위한 수단이고, 이를 위해 체계화된 행동에 불과하다. 현재 루틴이 원하는 삶을 사는 데 도움이 되지 않거나, 일상이 너무 바빠 챙기기 힘들다면 굳이 유지할 이유가 없다. 그렇기에 주기적으로 내 상황을 체크하고, 지금 내가 챙길 수 있는 수준에 맞춰 루틴을 유연하게 조정하는 게 필요하다. 나의 루틴은 종종 바뀐다. 추구하는 가치가 달라질 때도 바뀌고, 가치가 크게 달라지

루틴은 원하는 삶을 이루는 가장 확실한 방법이다

지 않아도 상황이 달라지면 함께 바뀐다.

결과적으로 요즘은 건강한 몸과 마음을 챙기면서, 일도 열심히 하고, 나를 위한 여유 시간도 가지고 있다. 좋아하는 사람들과 꾸준히 시간을 보내고, 공부도 꾸준히 한다. 내가 원하는 걸 명확히 알고 그걸 루틴으로 만들고, 꾸준히 쌓아왔기에 가능한 삶이다. 무엇보다 루틴이 쌓여 내가 원하는 모습이 되는 게 좋다. 루틴은 나를 반영한다. 매일 하는 행동이기에 내게 영향을 미치고, 그 영향이 다시 루틴에 반영되기에 계속 지켜갈 수 있다. 그렇게 하루 한 번 나만의 정체성이 쌓인다. 매일 10분 동안 책을 읽는 나는 꾸준히 성장하는 사람이고, 매일 영양제를 챙겨 먹는 나는 건강을 관리하는 사람이며, 루틴을 잘 지키는 나는 스스로와 약속을 지키며 원하는 삶을 만들어갈 수 있는 사람이다. 루틴을 통해 만들어가는 일상이, 그 일상을 살아가는 내가 마음에 든다.

" 당신의 믿음은 당신의 생각이 된다.
　당신의 생각은 당신의 말이 된다.
　당신의 말은 당신의 행동이 된다.
　당신의 행동은 당신의 습관이 된다.
　당신의 습관은 당신의 가치가 된다.
　당신의 가치는 당신의 운명이 된다. "

마하트마 간디

나는 하루 5분만
바꾸기로 했다

아주 작은 루틴으로
시작하기

일단, 작게 시작하면
끝까지 계속하게 된다

나도, 내 옆 사람도 꾸준히 할 수 있을 만큼 작고 쉬운, 그러면서도 보람 있는 루틴으로 시작해야 한다. 내가 떠올린 활동을 왜 하고 싶은 지 정리하고, 그 이유를 만족시키면서도 꾸준히 실천할 수 있는 작은 루틴은 무엇인지 찾는다. 그 결과 꾸준히 성장하고 싶어 떠올린 하루 1시간 책 읽기는 출근길 10분 독서로, 상쾌하게 아침을 시작하고 싶어 떠올린 아침에 1시간 일찍 일어나기는 눈 뜨자마자 물 한 잔 마시기로, 마지막으로 체력과 몸매를 챙기고 싶어 떠올린 매일 1시간 운동하기는 주 2회 1시간 운동과 자기 전 침대에서 5분 스트레칭으로 변했다.

1

일상 속 숨은
루틴 돌아보기

.

사람들을 만나 마이루틴 대표라고 소개하면 "아, 나도 루틴 관리해야 하는데", "어떻게 그 루틴을 다 지킬 수 있어요? 저는 절대 못 할 것 같아요" 등의 말을 자주 듣는다. 요즘은 MBTI-P 유형도 루틴을 관리할 수 있는지 물어보는 분도 있다. 이런 말을 들을 때마다 많은 사람이 루틴 관리를 하고 싶어 하면서도, 어려운 활동으로 생각해, 시작하지 못한단 걸 느낀다. 어떻게 시작할지 모르겠고, 대충 아무렇게나 시작하고 싶진 않아 타이밍을 찾으며 계속 미루게 되는 어려운 일. 생각해보면 과거의 나 역시 할 거면 제대로 해야겠다는 생각에 시작도 하지 못하고 차일피일 미뤘다. 그렇다면 미루기의 대명사였던 나는 어떻게 루틴 관리를 시작하고 꾸준히 이어갈 수 있었을까? 정답은 '작게, 일단 시작하기'다.

1) 나의 하루 돌아보기

루틴 관리를 더는 미룰 수 없다고 결심하고 제일 먼저 한 것은 일상 돌아보기였다. 루틴은 앞으로 오랫동안 반복할 활동인데, 기존의 일상을 고려하지 않는다면 실패할 수밖에 없다고 생각했다. 새로운 습관을 만들기 위해서는 현재 어떤 습관이 있는지, 요즘 일상은 어떤 큼직한 일들로 이루어지는지 파악하는 게 필요하다. 그래야 일상을 고려한 현실적인 루틴을 떠올릴 수 있고, 또 이미 가지고 있는 좋은 습관을 활용할 수 있기 때문이다.

나는 아침부터 저녁까지 하루 일과를 돌아보며 아침에 눈 떠서 밤에 잠들 때까지 어떤 행동을 하는지, 그중 반복하는 활동이 있는지, 앞으로도 계속하고 싶은 행동이 있는지를 살펴보았다. 이 조건을 충족하는 활동은 네 가지였는데 집을 나설 때 좋아하는 향수 뿌리기, 사무실에서 계단으로 다니기, 매일 2L 이상 물 마시기, 화장실에 다녀올 때 간단한 스트레칭하기였다. 미처 인식하지 못했는데 이미 네 개나 있다니. 느낌이 좋았다. 더 있을 것 같아 고민해보니, 매일 지키진 않지만 지킨 날 삶의 질이 올라가는 '집에 도착하자마자 바로 씻기'가 떠올랐다. 맞아, 집 도착하자마자 바로 씻고 개운하게 저녁을 보낼 때와 자기 직전에 겨우 씻을 때는 저녁의 질이 달랐지. 이걸 루틴으로 만들고 꾸준히 지키면 저녁 시간이 더 즐거워질 거란 감이 왔다. 그래서 다섯 가지를 루틴으로 만들고 꾸준히 해보기로 했다.

여기까지 듣고 조금 당황했을 수도 있겠다. '집 도착하자마자 바로 씻기 빼고는 다 원래 하던 행동이 아닌가? 하던 걸 계속하는 게 무슨 의미가 있지?' 싶을 테니까 말이다. 원래 하던 행동을 계속하는 건 핵심이 아니다. '루틴 관리를 성공적으로 시작한 것'이 핵심이다. 시작하지 않으면 행동을 이어갈 가능성이 아예 없다. 일단 시작하면? 꾸준히 이어갈 가능성이 생긴다. 그리고 그 행동이 습관이 된다면? 꾸준히 할 가능성은 몇 배로 높아진다. 많은 에너지를 쓰지 않고도 계속할 수 있기 때문이다. 이처럼 시작 자체가 너무나 중요하기에 습관 전문가들도 원래 하던 행동으로 루틴을 시작하는 걸 추천한다.

새로운 활동을 시작하는 건 어렵다. 우리는 하지 않았던 행동을 할 때 에너지를 훨씬 많이 쓴다. 그런데 그 행동이 어렵기까지 하다면? 실패할 가능성이 올라간다. 어떤 행동을 루틴으로 인식하고, 의식적으로 지키고, 했다고 체크하는 것 자체가 이미 새로운 활동이다. 다시 말해 에너지가든다. 이때 루틴이 어렵기까지 하면? 실패할 가능성이 훨씬 커질 것이다. 반대로 이미 하는 활동을 체크하는 걸로 시작하면 어떨까? 성공할 가능성이 압도적으로 높아진다.

게다가 자주 하던 좋은 행동을 매일 지키는 단단한 루틴으로 만들 수 있다. 사람들은 익숙한 활동을 매일 하고 있다고 생각하지만, 막상 제대로 살펴보면 생각보다 잊어버리는 날이 많다. 하지만 실천 후 체크를 하는 순간, 매일 지

일단, 작게 시작하면 끝까지 계속하게 된다

키게 된다. 자주 해오던 활동인 만큼 실천 자체가 그다지 어렵지 않기에, 의식하는 것만으로 매일 지키게 되기 때문이다. 게다가 행동하고 체크하면서 '오늘도 성공했다'는 성취감까지 느낄 수 있다. 이 성취감은 행동을 이어가게 하는 힘이 된다.

마지막으로 내 일상을 돌아보고, 이미 하던 활동에서 루틴을 시작하면 '현실적인 루틴'을 가질 수 있다. 예를 들어 7시에 일어나 아침을 먹고 나가기를 루틴으로 짰다고 생각해보자. 그런데 요즘 8시에 힘겹게 일어나 아침을 거르고 허겁지겁 출근하고 있다면? 이 루틴이 지켜질 가능성은 0퍼센트에 가깝다. 하루 이틀이야 지키겠지만 그 이상 이어가긴 힘들 것이다. 마찬가지로 다이어트를 위해 매일 점심에 닭가슴살과 고구마를 먹기로 했는데, 점심 미팅이 잦은 사람이라면? 이 역시 지킬 수 없는 루틴이다. 이보단 혼자 먹는 아침에 닭가슴살과 고구마를 먹는 것이 현실적이다. 이처럼 현재의 일상을 고려해야 지킬 수 있는 루틴이 만들어진다.

루틴을 시작하고 싶다면 눈 뜨고 일어나 다시 잠들기까지 어떤 활동을 하는지 떠올려보자. 분명 매일 반복하는 행동이 보일 것이다. 만약 주 5일을 중심으로 생활하는 직장인이나 학생이라면 평일을 기준으로 떠올리는 걸 추천한다. 주말 루틴을 만드는 게 목적이 아니라면, 반복되는 평일을 기준으로 루틴을 만들어야 습관화하기 더 쉽기 때문이다. 물론 "저는 반복하는 행동이 없는데요"라고 말하는 사람도 있을 것이다. 그럴 리 없다. 우리는 매일 눈을 뜨고, 밥을 먹고, 잠을 잔다. 삼시 세끼를 챙겨 먹는 사람이라면 눈 뜨고 세끼 밥 먹고 잠만 자도 다섯 개의 행동을 반복한다.

이왕이면 아침과 저녁에 어떤 활동을 하는지를 찬찬히 살펴보면 좋다. 루틴을 관리할 때 가장 사수하기 쉽고 삶에 영향을 미치는 시간이 이 두 시간대이기 때문이다. 눈 떠서 출근이나 등교할 때까지 무엇을 하는지, 퇴근이나 하교 후 잠들기 전까지 무엇을 하는지를 주로 살펴보자. 그때 반복하는 행동 중 마음에 드는 게 있다면 그걸 중심으로 루틴 관리를 시작하면 된다.

[예시] ○○의 하루 행동

No	하루 행동	반복	하고 싶음	분류
1	알람 소리에 눈 뜨기	O	-	
2	시간 확인하고 5분 미루기	△	X	
3	카카오톡, 인스타그램 확인	O	X	
4	다시 자기	O	X	
5	5분 뒤 알람에 다시 눈 뜨기	△	X	
6	기지개 켜기	O	O	루틴
7	침대에서 일어나기	O	O	루틴
8	샤워	O	-	
9	공복 몸무게 재기	O	O	루틴
10	옷 입기	O	-	
11	머리 말리면서 밥 먹기	△	O	루틴
12	집 나서기	O	-	
13	지하철(30분) 이동	O	-	
14	회사 도착	O	-	
15	커피 내리기	O	O	루틴
16	오늘 할 일 정리	△	O	루틴
...				

반복하는 행동인가

◎ 의지와 관계없이 거의 무조건 반복 ex) 아침에 눈 뜨기, 샤워

하기, 지하철 타고 출근

△ 좋든 싫든 자주 반복 ex) 알람 미루기, 아침에 영양제 챙겨 먹

기, 향수 뿌리기

2단계 아주 작은 루틴으로 시작하기

✕ 잘 반복하지 못하거나 굳이 반복하지 않음 ex) 아침 30분 운동

반복하고 싶은 행동인가

○ 반복하고 싶다. 습관으로 만들고 싶다.

─ 의지와 관계없이 반복된다.

✕ 반복하고 싶지 않다.

분류

○/○ 시작 루틴으로 추천하는 습관

△/○ 시작 루틴으로 추천하며 루틴으로 만들면 잘 지킬 가능성 높음

✕/○ 루틴 관리를 시작하고 천천히 도전하자

[예시] ○○의 숨은 루틴

루틴 1. 기지개 켜기

루틴 2. 침대 나서기

루틴 3. 공복 몸무게 재기

루틴 4. 아침 식사 챙기기(굶지 말자!)

루틴 5. 커피 내리기

루틴 6. 오늘 할 일 정리

자, 숨은 루틴을 찾았다면 자주 보는 곳에 기록해보자. 원래 하던 활동이라도 기록하지 않으면 잊어버리기 쉽다. 잊지 않고 매일 실천할 수 있게 루틴 목록도, 실천한 뒤 체크도 하자. 우리 뇌는 행동을 성공했을 때뿐만 아니라 성공을 기록할 때도 도파민이 분비되기 때문에, 실천하고 체크하면 성취감을 두 배로 느낄 수 있다. 당연히 습관이 될 가능성도 배로 높아진다.

참고로 루틴을 기록할 때는 루틴만 나열하지 말고 언제 할지 함께 기록하자. 이때 언제는 시간이 아닌 상황 혹은 행동을 의미한다. 다시 말해 '눈 뜨면' 기지개 켜기, '기지개 켜면' 침대 나서기라고 기록해야 한다는 것이다.

[예시] ○○의 숨은 루틴으로 시작하기

루틴 1. 기지개 켜기 → (눈 뜨면) 기지개 켜기

루틴 2. 침대 나서기 → (기지개 켜면) 침대 나서기

루틴 3. 공복 몸무게 재기 → (샤워 후) 공복 몸무게 재기

루틴 4. 아침 식사 챙기기(굶지 말자!) → (머리 말릴 때) 아침
　　　 식사 챙기기(굶지 말자!)

루틴 5. 커피 내리기 → (회사 도착하면) 커피 내리기

루틴 6. 오늘 할 일 정리 → (커피 내리고) 오늘 할 일 정리

습관심리학에 따르면 어떤 행동을 언제 할지 명확히 정

해두는 것만으로 행동할 가능성이 38퍼센트에서 91퍼센트로 두 배 이상 높아진다고 한다. 언제 할지 적는 것만으로 성공률이 높아진다니, 하지 않을 이유가 없다. 루틴 관리를 시작했다면 반드시 무엇을 언제 할지 적어두고 실천할 때마다 꾸준히 체크해보자. 잊지 않고 체크할 수 있도록 눈에 잘 띄고 자주 확인할 수 있는 곳에 체크하는 게 가장 좋다.

2

작은
워너비 루틴으로
시작하기

·
·

앞에서 숨은 루틴을 찾아 시작하는 법을 정리해보았다. 하지만 반복하고 싶은 행동이 없다면? 오히려 멈추고 싶은 행동만 보인다면 어떻게 해야 할까. 이 경우에는 어쩔 수 없다. 반복되고 마음에 드는 행동이 단 하나라도 있다면 그 행동은 포함하되, 새로운 루틴으로 시작해야 한다.

어떤 루틴으로 시작할지 고민해보자. 나는 하고 싶은 게 많은 편이라 새로운 루틴을 떠올렸을 때 이것저것 생각이

일단, 작게 시작하면 끝까지 계속하게 된다

났다. 하루 1시간 책 읽기, 아침에 1시간 일찍 일어나기, 하루 1시간 운동하기, 매일 일기 쓰기 등. 지금 보면 하나같이 난이도가 높고 오래 걸리는 루틴이다. 달성한다면 너무나 멋있지만 쉽지 않은 루틴들. 나는 이 루틴들로 시작했을까? 다행히 그러지 않았다. 하고 싶었지만 자제했다. 가능할 리가 없기 때문이다. 나는 나를 잘 알고 있었다. 내가 지속하려면 이보다 훨씬 쉬워야 했다. 다양한 책에서 수없이 강조하는 "어려운 행동은 오래가지 못한다"는 말과 선인들의 지혜가 담긴 '작심삼일'이 내게만 예외일 수 없었다. 물론 어려운 활동도 한번에 잘 실천하는 사람도 있기는 하다. 미라클 모닝을 결심하고 오전 5시, 6시에 벌떡 일어나는 엄청난 사람들. 너무 멋있지만 안타깝게도 나는 그런 사람이 아니다.

1) 작게, 더 작게 시작하기

그러니 나도, 내 옆 사람도 꾸준히 할 수 있을 만큼 작고 쉬운, 그러면서도 보람 있는 활동으로 시작해야 한다. 이때의 팁은 내가 떠올린 활동을 왜 하고 싶은지 정리하고, 그 이유를 만족시키면서도 꾸준히 실천할 수 있는 작은 루틴은 무엇인지 찾아내는 것이다. 나 또한 그렇게 해서 루틴을 수정했다. 꾸준히 성장하고 싶어 떠올린 하루 1시간 책 읽기는 출근길 10분 독서로, 상쾌하게 아침을 시작하고 싶어 떠올린 아침에 1시간 일찍 일어나기는 눈 뜨자마자 물 한 잔 마시기로, 마지막으로 체력과 몸매를 챙기고 싶어 떠올린 매일 1시간 운동하기는 주 2회 1시간 운동과 자

1주차	2/10-2/16		완료한 날은 원하는 표시를 해주세요. 쉬는 날은 ☐ 표시, 못한 날은 비워주세요 :)							
no	시간	나의 하루 루틴	왜 내 루틴에 추가하고 싶나요?	1 2/10	2 2/11	3 2/12	4 2/13	5 2/14	6 2/15	7 2/16
1	8:00	눈 뜨자마자 물 한 잔	건강하게 하루를 시작하는 느낌							
2	9:10	출근 직전 향수 + 나에게 미소	오늘 하루 에너지 업업!!							
3	9:25	출근길 10분 독서	꾸준히 성장하고 싶어서							
4	ALL	사무실에선 계단으로 다니기	작은 노력으로 건강 채우기							
5	ALL	사무실에서 화장실 갈 때마다 가벼운 스트레칭	몸의 피로 풀고 활력 유지하기							
6	ALL	하루 물 2L 이상 마시기	건강과 활력을 같이 잡는 습관!	2.5	2.2	2.5	2.2	2.1		
7	22:00~	주 2회 헬스장	체력은 한 순간에 만들어지지 않는다. 오래 좋아하는 일 몰입해서 하고 싶다면 일주일에 2시간은 내기							
8	23:00~	집에 오면 바로 씻기 (침대X)	언제든 잠들어도 되는 상태로 편안하게 밤 시간을 보내고 싶어서							
9	23:40~	자기 전 스트레칭	하루의 피로를 풀어주고 싶어서							
10	ALL+자기전	매일매일 일기 쓰기	오늘 하루를 기록하고 내 생각과 마음을 골로 잘 정리하고 싶어서							
데일리 회고			루틴 신호등							

처음 루틴 관리를 시작했을 때의 루틴. 구글 스프레드시트로 만든 마이루틴 MVP 버전에 기록해보았다. 루틴을 실천하며 조금씩 다듬었지만, 하나를 제외하곤 모두 실천하고 있다. 내 하루 루틴의 뼈대가 되는 루틴이다.

기 전 침대에서 5분 스트레칭으로 변했다.

처음으로 루틴 관리를 시작하는 상황이라면, 심지어 새로운 루틴으로 루틴 관리를 시작한다면 무조건 5분 이내의 쉬운 루틴으로 시작해보자. 일단 시작해야 계속할 수 있다. 어려운 루틴은 뼈대 루틴을 만들고 나서 도전해도 늦지 않다. 참고로 10분이 넘지 않으면서 하고 싶은 이유가 명확한 루틴이면 더 좋다. 나는 매일 마이루틴에서 사람들이 자신의 목적에 맞는 간단한 루틴으로 루틴 관리를 시작하는 걸, 그리고 그 루틴을 이어가는 걸 본다. 다이어트를 하는 사람은 매일 공복에 몸무게를 재거나, 눈 뜨자마자 5분 스트레칭을 하거나, 식사할 때 조금씩 남기는 것을 루틴으로 만든다. 돈을 모으고 싶은 사람은 재테크 카페에 출석하거나, 머니 뉴스레터를 읽거나, 가계부를 쓰는 것을 루틴으로 만든다. 관계를 잘 챙기고 싶은 사람이 퇴근길 하루 한 명에게 안부 메시지를 보내거나 SNS에 댓글 달기를 루틴으로 만드는 걸 보며 감탄한 적도 있다.

성공 가능성을 극대화하고 싶다면 하나 더 신경 쓸 게 있다. 바로 '언제 할지'를 정하는 것이다. 앞에서 루틴을 언제 할지 정하는 것만으로 실천 확률이 두 배 이상 높아진다고 했다. 이는 새로운 활동도 마찬가지다. 기존에 하던 활동과 달리 이 시작 행동이 단단한지 체크해야 한다. 다시 말해 기준이 되는 상황이나 행동이 매일 있어야 그 상황과 행동에서 이어갈 새로운 루틴도 잘 챙길 수 있다. 이왕이면 내 의지와 상관없이 매일 생기는 일을 시작점으로 삼으면 좋다. 표를 활용해 대표적인 시작점 후보들을 살펴보자.

[예시] ㅇㅇ의 하루 행동

No	하루 행동	반복	하고 싶음	분류
1	알람 소리에 눈 뜨기	O	-	시작점 후보
2	시간 확인하고 5분 미루기	△	X	
3	카카오톡, 인스타그램 확인	O	X	
4	다시 자기	O	X	
5	5분 뒤 알람에 다시 눈 뜨기	△	X	
6	기지개 켜기	O	O	루틴
7	침대에서 일어나기	O	O	루틴
8	샤워	O	-	시작점 후보
9	공복 몸무게 재기	O	O	루틴
10	옷 입기	O	-	시작점 후보
11	머리 말리면서 밥 먹기	△	O	루틴
12	집 나서기	O	-	시작점 후보

13	지하철(30분) 이동	O	-	시작점 후보
14	회사 도착	O	-	시작점 후보
15	커피 내리기	O	O	루틴
16	오늘 할 일 정리	△	O	루틴
...				

표를 보면 반복하고 있지만 하고 싶지 않은 항목이 있다. 알람 소리에 눈을 뜨거나, 샤워를 하거나, 옷을 입거나, 집을 나서거나, 지하철을 타고 이동하거나, 회사에 도착하는 것. 이렇게 내 의지와 관계없이 생기는 일에 새로운 루틴을 더하면 성공할 가능성이 높아진다. 그 상황 자체가 트리거가 돼 새로운 행동을 쉽게 시작하도록 도와주는데, 그 상황이나 행동 자체가 매일 안정적으로 발생하기 때문이다. 같은 맥락에서 매일 반복하는 루틴이 있다면 루틴을 한 직후도 추천하는 시적점이다. 나 역시 새로운 루틴을 시작할 때 '출근길에' 10분 독서, '눈 뜨자마자' 물 한잔 마시기, '향수 뿌리고' 미소 짓기 등 내 의지와 상관없이 매일 벌어지는 상황이나 이미 잘하고 있는 반복적인 행동 뒤에 루틴을 추가했다.

그럼에도 불구하고 언제 시작해야 할지 막막하다면 '눈 뜬 직후', '회사에 도착한 직후', '집에 들어온 직후'를 기준으로 새로운 루틴을 만드는 걸 추천한다. 기본적으로 '어떤 행동을 한 후' 루틴을 하면 성공률이 높은데, 눈을 뜨는 것, 회사에 도착하는 것, 집에 들어오는 것 등은 매일 반복되는 일이기 때문에 루틴을 만들기에 적절한 기준점이 된다. 게다가 환경이 바뀌는 시작점이라 더더욱 의미가 있다. 눈 뜬 직후 마음에 드는 행동을 해내면 아침을 성공적으로 보낼 가능성이 높아진다. 회사에 도착한 직후 생산성을 위한 작은 루틴을 실천한다면 업무 시간을 효율적으로 보낼 가능성이 높아진다. 마찬가지로 집에 온 직후 마음에 드는 행동을 해내면 저녁 시간을 생산적으로 보낼 수 있을 것이다. 참고로 이 팁은 일상이 불규칙한 프리랜서나 3교대 근무를 하는 사람에게도 유효하다. 이 경우에는 하루를 시작할 때, 일을 시작할 때, 업무를 마무리하고 자유 시간을 가질 때를 기준으로 삼으면 된다. 시간이 아닌 행동이나 상황이 기준이기 때문에 업무 시간이 바뀌더라도 쉽게 적용할 수 있다.

3) 나에게 맞는 루틴 개수 알기

우리는 흔히 목표를 이루기 위해 거대한 일을 해야 한다고 생각한다. 그렇지 않다. 변화는 아주 작은 행동으로 시작되고 작은 행동을 계속하면 가속도가 붙는다. 나 또한 지금은 하루 30~40개의 루틴을 거뜬히 소화하지만 처음에는 다섯 개의 루틴으로 시작했다. 지난 1년간 루틴 관리를 시작한 루티너 몇십만 명을 본 결과도 마찬가지다. 작은 루틴으로 루틴 관리를 시작한 루티너들은 꾸준히 루틴을 지키며 더 많은 루틴을 쌓고 편안하게 소화해낸다. 어떤 행동을 매일 의식적으로 하고 체크하는 습관이 생기면, 새로운 활동을 루틴으로 추가하는 건 훨씬 쉽기 때문이다.

참고로 처음 시작할 때는 너무 적지도, 너무 많지도 않은 5~8개의 루틴이 적당하다. 루틴 관리를 세 개 이하로 시작하면 일상에 미치는 임팩트가 적어 루틴 자체를 자주 잊어버리거나, 성취감을 느끼지 못해 금방 질린다. 반대로 루틴이 너무 많으면 짧으면 3일, 길면 일주일 정도 지키다가 갑자기 포기할 수 있다. 아무리 쉬운 루틴이라도 너무 많으면 난이도가 올라가 부담이 되기 때문이다. 루틴 관리를 시작한다면 이미 하던 행동을 중심으로 5~8개로 시작해보자. 새로운 루틴으로만 구성돼 있다면 5~6개 기존 행동이 섞여 있다면 7~8개를 추천한다. 루틴을 떠올리고, 실천하고, 뿌듯함을 느끼고, 체크하고, 한 번 더 뿌듯함을 느끼는 습관 루프가 빠르게 형성돼 지속하는 게 쉬워질 것이다.

누구나 아는 이야기지만 시작은 중요하다. 의욕은 평생 가지 않기 때문에 조금이라도 의욕이 생길 때 미래의 나를 위해 안배해두는 게 좋다. 그런 의미에서 이 글을 읽고 의욕이 샘솟았다면 바로 5~8개의 작고 쉬운 루틴을 만들어 루틴 관리를 시작해보자. [부록 1]에 테마별로 시작하기 좋은 루틴을 모아두었으니, 어떤 루틴을 해야 할지 막막하다면 참고해보길 바란다.

3
아직도 시작이
망설여진다면

아직 누군가는 시작을 망설이고 있을 것이다. 작게 시작하는 게 의미가 있을까 고민될 수 있고, 원래 하던 루틴으로 시작하기보다 좀 더 고민해서 완성형 루틴으로 시작하고 싶을 수도 있고, 일상 속 숨은 루틴을 찾는 게 너무 어려워서 차일피일 미룰 가능성도 있다. 아니면 요즘은 너무 바쁘니 나중에 하자고 생각할 수 있을 테고. 하지만 시작하지 않는다면, 이 책을 읽을 이유가 없다. 결국 루틴을 삶에 적용해야 변하기 때문이다. 시작을 망설이고 있다면, 그 이유를 찾아보자. 그리고 시작하자. 그 어떤 것도 시작을 미룰 이유가 되진 않는다.

1) 시작을 막는 생각

지금은 너무 바쁘니 여유 있을 때 시작해야지

많은 사람의 시작을 막는 대표적인 생각이다. 지금은 너무 바빠서, 시간이 없어서 시작할 수 없다는 생각. 하지만 가슴에 손을 얹고 답해보자. 지금 10분도 못 낼 만큼 바쁜가? 시작하기 좋은 여유롭고 한가한 순간이 올까? 일단 지금 이 책을 읽고 있다면 첫 번째는 절대 아닐 거라 자신한다. 여기까지 읽는데도 10분은 넘게 걸렸을 테니까. 그러니 책 읽기를 잠깐 멈추고 루틴부터 만들어보자. 루틴 앱을 다운받고 나만의 루틴을 만드는 데 10분이면 충분하다. 두 번째 질문에 대한 답은 사람마다 다를 수 있다. 아무리 생각해도 답이 "YES"라면 그때가 언제인지 명확하게 말해보자. 명확하게 말할 수 있어도 10분만 시간을 내서 지금 시작하고, 그때쯤 루틴을 늘려가자. 답이 "NO"라면 지금 시작하

131

자. 루틴 관리를 시작할 만큼 적당히 여유로운 순간은 기다린다고 오지 않는다.

숨은 루틴을 찾는 게 너무 어려워

핸드폰 메모장, 종이, 루틴 앱 뭐든 좋다. 1분만 진지하게 떠올려보자. 지금이 평일이라면 오늘을, 주말이라면 최근의 평일을 머릿속으로 떠올려보자. 오늘 언제 일어났는가? 눈을 뜨자마자 무엇을 했지? 핸드폰으로 시간을 확인하고, 그 후에는? 그래도 떠오르지 않는다면 눈 뜨자마자, 집을 나서기 전에, 회사에 출근하자마자, 집에 도착하자마자, 자기 직전에 무엇을 할지 정해보자. 무엇을 정할지 고민된다면 책에서 제공한 루틴 목록을 참고하면 된다. 이렇게만 해도 시작하기 좋은 다섯 개의 루틴이 완성된다. 시작할 루틴을 완성하고 나니 원래 하던 숨은 루틴이 생각난다면? 새로 만든 루틴에 숨은 루틴을 추가하면 된다.

나는 그렇게 계획적인 사람이 아닌걸

당신이 MBTI-P 유형이어도 할 수 있다. 일단 나도 P이고, 마이루틴 유저의 47.4퍼센트도 P이다. P가 루틴을 지키는 걸 어려워하는 이유는 보통 루틴과 시간을 연결하기 때문이다. 7시에 눈을 뜨고, 7시 1분에 물을 마시고, 7시 2분에 샤워를 하고, 7시 22분에 몸무게를 재는 걸 어려워한다. 하지만 눈 뜨자마자 물 마시고, 물 마시고 샤워하고, 샤워하고 몸무게를 재는 것은 누구나 어렵지 않게 할 수 있다. 실제로 많은 마이루티너가 다른 앱을 쓸 때는 시간을 정해 루틴을 짜야 하는데, 마이루틴에서는 상황을 정하고 루틴을 실천하니 더 편하다는 말을 자주 한다. 내가 7시에 일어나든, 7시 10분에 일어나든, 7시 30분에 일어나든 루틴을 지키는 데 어려움이 없기 때문이다. 게다가 시간이 아닌 상황을 기준으로 루틴을 짜는 건, 그 자체로 오래가는 루틴을 만드는 비결이다.

무엇보다 P 특유의 유연함은 스트레스받지 않고 루틴을 꾸준히 이어가는 데 도움이 된다. 계획이 살짝 흐트러져도, 몇 번 실패하더라도 오히려 스트레스받지 않고 원하는 행동을 반복할 수 있다. 걱정하지 말고 시작해보자! 누구든 할 수 있을 만큼 쉬운 루틴으로 유연하게 시작하면 된다.

일단, 작게 시작하면 끝까지 계속하게 된다

루틴하게 살면 너무 지루하지 않을까?

　루틴 관리를 한다고 말하면 가장 많이 오해하는 것이 바로 이것이다. 삶이 지루하거나, 내가 로봇 같아질 거란 오해. 하지만 그렇지 않다. 모든 일상을 루틴으로 관리하는 게 아니라 내가 반복하고 싶은 일상만 루틴으로 관리하는 것이다. 루틴 관리로 삶이 지루해지려면 아침부터 밤까지 모든 순간을 루틴화해야 하는데, 현실적으로 그럴 수가 없다. 오히려 루틴 관리를 하면 시간이 늘어난다. 루틴으로 만들기 전에는 하나하나 의식하고 챙겨야 했던 행동이, 에너지를 들이지 않고도 저절로 이루어지기 때문이다. 생각하는 시간이 줄어든 만큼 자유롭게 쓸 수 있는 시간이 늘어나고, 체력, 멘탈, 생산성을 챙겨주는 루틴 덕에 여유 시간에 쓸 수 있는 에너지도 늘어난다. 실제로 나는 루틴 관리를 시작하고 하고 싶은 일을 더 많이, 다양하게 할 수 있었다. 게다가 삶의 중요한 요소를 매일 챙기고 있는 것도 뿌듯하고. 당연히 인생은 더 재밌어졌다.

작은 루틴 하나 한다고 뭐가 달라질까?

오늘 영양제 하나 먹는다고 삶이 달라지냐고 묻는다면 그렇진 않다고 답할 것이다. 작은 행동은 작은 변화만 일으킨다. 오늘 운동을 한 번 해도, 오늘 책을 10쪽 읽어도, 오늘 사랑하는 사람에게 따스한 말을 건네도 그 변화는 크지 않을 수 있다. 하지만 매일 운동을 하고, 매일 책을 읽고, 매일 따스한 말을 건넨다면? 지금 생각하는 것보다 더 많이, 더 크게 달라진다. 행동의 결과는 복리로 쌓인다. 지금은 미미하지만 1년이 지난다면? 많은 게 달라진다. 10년이 지난다면? 인생이 달라진다.

단순히 하나의 행동을 꾸준히 했고 그 행동이 쌓이기 때문만은 아니다. 물론 그것도 크다. 하루 10분을 1년 하면 3,650분이고, 총 60시간이다. 일상에서 자고, 일하고, 밥 먹는 시간을 제외하고 60시간을 확보하는 건 의외로 어렵다. 그런데 그 일을 큰 노력 없이 할 수 있으니, 당연히 엄청난 일이다.

하지만 더 중요한 사실은 좋은 행동이 좋은 행동을 부른다는 것이다. 영양제를 챙겨 먹으면 건강에 대한 관심이 늘어난다. 자연스럽게 운동을 하고, 몸에 좋은 음식을 먹고, 영양 균형을 챙기게 된다. 가계부를 쓰기 시작하면 돈의 흐름이 보인다. 자연스럽게 불필요한 소비를 줄이고, 돈을 모으고, 재테크에 대한 지식도 늘어난다. 매일 다정한 말을 건넨다면 관계가 달라진다. 당신뿐만 아니라 상대방 역시 변하게 될 것이고 그 변화는 우리를 행복하게 만들어줄 것이다. 좋은 행동이 좋은 행동을 부르는 건 한 달만 해도 느껴진다. 그 변화가 해마다 쌓인다면? 삶이 달라질 수밖에.

2) 실행, 변화를 만드는 가장 확실한 방법

성공하는 사람과 성공하지 못하는 사람의 가장 큰 차이는 실행력이라고 한다. 요즘 같은 정보화 사회에서는 더욱 그렇다. 정보는 누구나 얻을 수 있다. 하지만 그 정보를 행동으로 옮기는 사람은 드물다. 이것이 변화를 만드는 방법이 널려 있어도 실제로 변화하는 사람은 적은 이유다. 그러니 책을 읽는 행동에서 그치지 말고 당신의 삶에서 루틴을 실천해보자. 심지어 루틴은 한번 시작하면 다른 행동을 삶에 적용하는 것까지 도와주는 엄청난 복리 도구다.

이거 몇 개 한다고 큰 변화가 없을 것 같아도 일단 시작해보자. 5분짜리 다섯 개로 시작하더라도 그 다섯 개가 익숙해지면 또 새로운 루틴을 추가하게 될 것이다. 점점 원하는 자신을 만드는 좋은 행동이 하나하나 쌓인다. 딱 1년만 지나도 쌓인 루틴이 당신의 하루를, 삶을 그리고 당신을 변화시켰다는 확인할 수 있을 것이다.

3) 일단 시작하는 법 총정리

첫째, 시작 루틴은 무조건 쉽고 간단하게 만든다. 지키고 싶지만 지킬 수 없는 루틴이 되지 않도록, 작은 루틴으로 시작하자. 작은 루틴을 떠올리기 막막하다면 무엇이든 5분만 하기, 10분만 하기로 줄이면 된다.

둘째, 내가 이미 하고 있는 활동에서 시작하자. 내가 의식적, 무의식적으로 반복하는 활동 중 꾸준히 이어가고 싶은 활동을 고르면 좋다. 잘 떠오르지 않는다면 평범한 평일의 하루를 적어보면 도움이 된다.

셋째, 기존 행동 중 반복하고 싶은 게 없다면 하루를 시작할 때, 회사에 도착했을 때, 일과를 마치고 집에 도착했을 때 지키고 싶은 루틴을 추가해보자. 매일 반복되는 일이기에 루틴을 잊지 않고 실천하기 쉽다.

　넷째, 일단 시작하자. 목표에 비해 보잘것없어 보여도, 루틴을 한다고 달라지는 게 없을 것 같아도 시작하자. 시작하면 계속할 수 있고, 계속하면 많은 걸 해낼 수 있다.

테마별 시작하기 좋은
루틴 모음

1. 6분으로 인생을 바꾸는 모닝 루틴

루틴명	언제	요일/ 주 n회	테마	타임	달성 여부	메모
5:30 기상	5시 30분	월~금	모닝 루틴	아침		
명상	일어나자마자	월~금	모닝 루틴	아침		
확신의 말 소리 내어 말하기	출근 전	월~금	모닝 루틴	아침		
목표 달성했을 때를 상상하기	출근하자마자	월~금	모닝 루틴	아침		
1분 운동하기	출근길에	월~금	모닝 루틴	아침		

"한 해의 시작은 중요하게 여기면서, 왜 하루의 시작은 알람을 미루는 것으로 시작하나요?"『미라클 모닝』의 저자 할 엘로드는 아침을 기분 좋게 시작하는 것이 하루의 생산성과 성공을 결정한다고 말하며, 아침을 기분 좋게 만드는 아침 습관을 제안한다. 하지만 2시간쯤 걸리는 미라클 모닝 습관은 시작하기 좋은 루틴은 아니다. 미라클 모닝 루틴의 원리를 살리면서도 쉽고 간단하게 시작할 수 있는 루틴 세트를 소개한다. 아침을 상쾌하게 시작하고 싶은 이들에게 추천한다.

① 5:30 기상

간단한 모닝 루틴을 실천할 시간을 정한다. 권장 시간은 5시 30분이지만, 내가 지킬 수 있는 시간으로 시작해 서서히 당겨가는 걸 추천한다.

② 명상

명상을 하기 위한 자리로 이동해 눈을 감고 마음을 차분히 하며 몸을 이완시킨다. 유튜브에서 짧은 명상 콘텐츠를 따라 하는 것도 추천한다.

③ 확신의 말 소리 내어 말하기

첫날은 확신의 말을 작성하는 시간을 가진다. 내가 무엇을 원하고, 어떤 사람이 되고 싶은지 등을 여러 문장으로 정리해본다. 목표뿐만 아니라 나에 대한 긍정적인 문장을 함께 적어도 좋다. 둘째 날부터는 이 확언을 소리 내어 말하며 나에 대한 다짐을 단단히 만들어가자.

④ 목표 달성했을 때를 상상하기

목표에 도달했을 때 어떤 모습일지, 어떤 느낌이 들지 상상하며 그때의 기쁨을 미리 느껴본다.

⑤ 1분 운동하기

제자리 뛰기, 팔 벌려 뛰기 등 간단한 운동을 하며 1분간 몸을 움직인다. 몸을 깨우고 에너지를 활성화하는 시간이다.

• **인생을 바꾸는 거대한 도전을 하고 싶은 분**

⇨ 매일 강력한 성취로 하루를 시작할 수 있어 삶을 변화시키는 에너지를 얻을 수 있다.

• **자기개발 시간이 부족하다고 느끼는 분**

⇨ 평소 야근이나 약속이 많은데 자기개발 시간은 확보하고 싶다면 추천한다. 저녁 시간보다 아침 시간이 변수가 적어 꾸준하게 루틴을 이어나가기 쉽다.

★ 소요 시간

최소 6분에서 1시간까지도 필요하다. 각 루틴을 얼마나 오래 하는지에 따라 소요 시간이 달라진다. 시작 단계라면 각 루틴을 3분 이내로 수행하고, 습관이 되면 점점 늘려나가는 것을 추천한다.

2. 작은 노력으로 큰 변화를 만드는 다이어트 루틴

루틴명	언제	요일/주 n회	테마	타임	달성 여부	메모
공복 몸무게 재기&눈바디	일어나자마자	매일	셀프 케어	아침		
하루 두 끼 가볍게 먹기	식사 시간	월~금	셀프 케어	아침, 오후, 저녁		
매일 물 2L 마시기	틈틈이	매일	건강	아침, 오후, 저녁		
주 3회 50분 운동	퇴근 후	주 3회	건강	아침, 오후, 저녁		
매일 6,000 보 걷기	틈틈이	매일	건강	아침, 오후, 저녁		
자기 전 10분 스트레칭	자기 전	매일	셀프 케어	저녁		

무리하지 않으면서 꾸준히 다이어트를 하고 싶은 사람에게 추천한다. 식단 조절부터 스트레칭, 운동까지 충분하면서도 넘치지 않는 구성이다. 여력이 된다면 평소 다이어트를 가장 방해하던 일 한 가지를 하지 않는 루틴을 추가해도 좋다. 간식을 자주 먹는다면 '하루에 간식 딱 한 개만 먹기', 술을 자주 마신다면 '음주는 주 1회 이하로 하기' 같은 루틴을 추천한다.

① 공복 몸무게 재기&눈바디

일어나자마자 몸무게를 체크해 변화를 살펴본다. 체중은 짧은 메모로, 눈바디 후 느낀 바를 메모로 기록해두면, 내 몸의 일주일 변화가 한눈에 보인다.

② 하루 두 끼 가볍게 먹기

하루 두 끼를 샐러드, 포케, 닭가슴살, 고구마 등 가벼운 식사로 챙긴다. 조금 더 강도를 높이고 싶다면 '하루 세끼 가볍게 먹기'로, 유지어터라면 '하루 한 끼 가볍게 먹기'로 바꿔도 좋다.

③ 매일 물 2L 마시기

하루 동안 물을 2L 이상 마시면 포만감이 들어 식사량이 조절되고, 지방을 태우는 데 도움이 된다. 차가운 물보다는 미지근한 물을 마시는 게 좋다.

④ 주 3회 50분 운동

운동은 체지방을 분해하고 에너지 소비량을 늘린다. 특

히 근력 운동으로 근육량을 늘리면 기초대사량이 높아져서 쉬고 있을 때도 더 많은 칼로리가 소모된다.

⑤ 매일 6,000보 걷기

매일 6,000보 이상 걷는 습관은 일상 체력은 물론, 다이어트 후 찾아올 수 있는 요요 현상을 방지하는 데 도움이 된다. 작은 실천으로 큰 효과를 보고 싶다면 '걷기 습관'을 만들어보자.

⑥ 자기 전 10분 스트레칭

잠들기 전에 하는 스트레칭은 몸의 피로를 풀어주고 근육이 유연해지도록 도와준다. 운동한 날에는 운동할 때 미처 태우지 못한 체지방을 태우는 효과도 있다.

★ 이런 분에게 추천해요

· **무리하지 않으면서 체중을 감량하고 싶은 분**

⇨ 난이도를 조절해 나에게 맞는 식습관, 운동 습관을

테마별 시작하기 좋은 루틴 모음

가질 수 있다. 하루 두 끼가 아니라 하루 한 끼를 가
볍게 먹는 것으로 시작해도 좋고, 주 3회가 아니라
주 2회 50분 운동이어도 좋다. 무리한 다이어트가 아
니어서 쉽게 포기하지 않는다.

- **다이어트를 시작하고 3개월을 유지하기 어려웠던 분**
⇨ 바로 실행하기 쉬운, 작은 루틴 한 개로 시작해서 하
나씩 늘려가는 재미를 느껴보자. '작게 그리고 꾸준
히'가 중요하다는 것, 잊지 말기를!

⭐ 소요 시간
'주 3회 50분 운동'을 권장하기 위해 짜인 루틴이다.

3. 생산성을 끌어올리는 하루 업무 루틴

루틴명	언제	요일/주 n회	테마	타임	달성 여부	메모
커피 내리기	출근하자마자	월~금	생산성	오후		
오늘의 중요 업무 정리	식사 시간	월~금	생산성	오후		
중요한 업무부터 시작	틈틈이	월~금	생산성	오후		
하루 3번 '포모도로'	퇴근 후	월~금	생산성	오후		
퇴근 전 책상 정리하기	틈틈이	월~금	생산성	오후		

매일 좋은 컨디션을 유지하며 꾸준히 성과를 내는 일잘러가 되고 싶다면, 나만의 업무 루틴 만들기는 필수! 생산성을 끌어올리는 대표적인 업무 루틴 다섯 가지를 준비했다.

① 커피 내리기

업무 시작 전 마시는 커피 한 잔은 각성 효과가 있어 업무 효율을 높인다. 커피를 마시지 않는다면 카페인이 포함된 차를 마시는 것으로 루틴을 바꿔도 좋다.

147

② 오늘의 중요 업무 정리

일 잘하는 사람은 중요한 일부터 한다. 오늘 할 일을 정리하고, 오늘 꼭 마감할 중요 업무 세 개를 골라본다. 우선순위에 따라 일하는 습관이 생산성을 극대화한다.

③ 중요한 업무부터 시작

출근 후 이메일부터 확인하는 습관은 버리는 게 좋다. 가짜 성취감을 줄 수 있기 때문이다. 출근 직후, 생생한 에너지를 가장 중요한 일에 쏟기!

④ 하루 세 번 '포모도로'

'포모도로'는 이탈리아어로, '토마토'를 의미한다. 토마토 파스타가 맛있는 최적의 요리 시간은 '25분'이라고 하는데, 과거 이탈리아의 한 대학생이 파스타용 타이머를 이용해 25분간 요리에 집중하고, 5분간 쉬었던 것에서 유래한 생산성 관리법이 포모도로 기법이다. 실제로 연구에 따르면 공부 또는 업무 중에 5분 정도 짧은 휴식을 취한 사람이 그렇지 않은 사람에 비해 집중력이 더 높다고 한다.

이 기법을 따라 25분 일하고 5분 쉰다. 25분 동안은 가능하면 업무용 메시지에도 답변하지 않고 집중해서 일한다. 그리고 나서 5분 동안 쉰다. 포모도로를 이용하면 에너지를 관리할 수 있다.

⑤ 퇴근 전 책상 정리하기

일하는 공간에 잡동사니가 쌓여 있으면 집중력이 깨진다. 퇴근 전, 업무 공간을 정리해 내일의 내가 몰입해 일할 수 있는 환경을 만들어보자.

★ 이런 분에게 추천해요

· **계획한 대로 업무를 해내지 못하는 분**

⇨ 오늘 몰입해서 일하고 기분 좋게 하루를 마무리하면 내일도 몰입해서 일할 수 있다.

★ 소요 시간

포모도로를 제외하고 20분 정도 걸린다.

4. 건강한 자존감을 가꾸는 20분 마음 관리 루틴

루틴명	언제	요일/주 n회	테마	타임	달성 여부	메모
5분 명상	일어나자마자 출근한 뒤	매일, 월~금	셀프 케어	아침		
거울 속 내게 미소 짓기	집 밖으로 나갈 때 샤워할 때	매일	셀프 케어	아침, 오후, 저녁		
하루 한 가지 나 칭찬하기	틈틈이	매일	셀프 케어	아침, 오후, 저녁		
마음 일기 쓰기	자기 전	매일	셀프 케어	저녁		

건강한 몸을 만들기 위해 꾸준한 신체 운동을 해야 하듯이 건강한 마음을 지니기 위해서도 꾸준한 마음 운동이 필요하다. 마음이 힘들 때 일회성 힐링이나 위로가 잠깐 힘이 될 수는 있지만 좋은 마음 습관을 지니지 않으면 마음, 감정이 오르락내리락할 수밖에 없다. 심리학적으로 검증된 마음 습관을 실천해 일상의 활력과 건강한 마음을 유지해보자.

① 5분 명상

꾸준한 명상은 뇌에 휴식을 주어 스트레스를 완화하고 몸의 긴장도 푸는 효과가 있다.

② 거울 속 내게 미소 짓기

매일 집을 나서기 전, 혹은 샤워한 후 거울을 보며 내게 응원과 격려를 담은 미소를 지어본다. 거울 속 나를 보며 웃는 행동은 나에 대한 긍정적 인식이 생기도록 해주기 때문에 자존감을 높이는 데도 큰 도움이 된다. 작은 응원의 말을 함께해주면 더 좋다.

③ 하루 한 가지 나 칭찬하기

자존감은 곧 나를 긍정하는 마음이다. 하루 한 가지 내게 칭찬을 건네며 나를 향한 긍정적인 마음을 지켜나가자.

④ 마음 일기 쓰기

마음 일기를 쓰면 내 감정을 더 잘 이해하게 되어 감정을 조절하는 능력을 키울 수 있다. 오늘 하루 나는 어떤 감

테마별 시작하기 좋은 루틴 모음

정을 느꼈고, 왜 그 감정을 느꼈는지, 그때 어떻게 행동했는지 천천히 돌아보며 매일 밤 내 마음을 기록해보자.

★ 이런 분에게 추천해요

- **건강한 자존감을 지니고, 유지하고 싶은 분**

⇨ 나를 돌보는 마음 습관이 건강한 자존감을 지켜준다. 작고 사소해 보이지만, 꾸준히 실천하면 그 어떤 루틴보다 큰 효과를 일으키는 강력한 루틴이다. 몇 번 해보면 즉각적으로 마음이 안정되는 게 느껴질 것이다.

★ 소요 시간

하루 20분 이상 필요한 루틴이다.

" 우리 모두가 소유할 수 있는 것은
지금 스쳐 지나고 있는 현재밖에 없다.
과거를 잃어버리거나 미래를 잃어버릴 수는 없다.
어떻게 지금 갖고 있지 않은 것을 잃어버릴 수 있겠는가? "

마르쿠스 아우렐리우스

나는 하루 5분만
바꾸기로 했다

뼈대 루틴 세우고
가지 루틴 쌓기

루틴 세트를 만들어라,
루틴은 속도가 아니라
방향이다

뼈대 루틴은 새로운 루틴을 쌓을 수 있는 시작점인 동시에, 루틴 관리라는 활동 자체를 단단하게 지켜주는 중심점이다. 이미 잘 지키던 루틴 뒤에 새로운 루틴을 더하는 것을 스태킹(Stacking, 루틴 쌓기)이라 하는데, 이는 습관심리학에서 말하는 루틴 관리의 핵심 스킬 중 하나다. 여러 연구를 통해 이미 형성된 습관 위에 새로운 습관을 얹는 것이 아무것도 없는 상태에서 새로운 습관을 만드는 것보다 훨씬 쉽다는 것이 증명되었다.

1

바닥부터 단단하게,
뼈대 루틴 잡기

루틴을 시작한 당신을 축하한다. 이제 당신은 루틴을 만들고 실천할 가능성이 아주아주 높아졌다. 심지어 '일상 속 숨은 루틴으로 시작하기', '작은 워너비 루틴으로 시작하기' 중 하나로 시작했다면 루틴은 더욱 쉽고 명확하고, 반복되는 일상과 잘 연결되어 있을 것이다. 루틴 관리의 시작으로 이 두 가지를 추천한 건 가장 쉬운 방법이기도 하지만, 숨은 이유가 하나 더 있다. 바로 루틴의 뼈대를 만들기 위해서다.

하루에 많은 루틴을 해내는 사람들이 있다. 얼핏 보기에는 그 많은 루틴을 다 실천하는 사람들이 대단해 보이겠지만, 그 안에는 나름의 로직이 있다. 보는 사람의 입장에서는 모든 루틴이 다 똑같이 중요하고 어려워 보이겠지만 하는 사람의 입장은 다르다. 그 사람에게는 모든 루틴의 뼈대가 되는 기본 루틴이 있을 것이다. 즉, 해야 한다는 생각조차 하지 않으면서 챙길 수 있고, 그렇기에 삶의 어떤 시기에도 지켜가는 루틴이 있다는 것이다. 나는 매일매일 의식 없이 실천하는 반자동화된 루틴을 뼈대 루틴이라고 칭한다.

보통은 뼈대 루틴을 잡는 과정에서 시행착오를 거친다. 뼈대 루틴은 무의식적으로 실천하는 루틴인만큼 충분히 쉽고 반복적이어야 한다. 그래서 처음부터 뼈대를 잡고 시작하기보다는 엉성한 루틴 여러 개를 시작했다가 망쳤다가를 반복하며 살아남은 루틴이 뼈대 루틴이 될 가능성이 높다. 하지만 이 책을 읽는 여러분은 처음부터 뼈대 루틴이 될 가능성이 높은 일상 속 숨은 루틴, 작은 워너비 루틴으로 루틴 관리를 시작하게 된 덕분에 큰 시행착오 없이 튼튼한 뼈대 루틴을 잡을 수 있을 것이다.

뼈대 루틴은 무엇이 좋을까? 뼈대 루틴의 장점은 루틴을 바탕으로 살을 더해갈 수 있다는 것이다. 다시 말해 잘 지키고 있는 루틴을 하면서 다른 루틴을 추가해 보다 쉽게 다른 루틴을 만들 수 있는 것이다. 뼈대 루틴은 새로운 루틴을 쌓을 수 있는 시작점인 동시에, 루틴 관리라는 활동 자체를 단단하게 지켜주는 중심점이다. 이미 잘 지키던 루틴 뒤에 새로운 루틴을 더하는 것을 스태킹Stacking, 루틴 쌓기이라 하는데, 이는 습관심리학에서 말하는 루틴 관리의 핵심 스킬 중 하나다. 여러 연구를 통해 이미 형성된 습관 위에 새로운 습관을 얹는 것이 아무것도 없는 상태에서 새로운 습관을 만드는 것보다 훨씬 쉽다는 것이 증명되었다. 루틴을 많이 하는 사람은 본인이 알든 모르든 뼈대 루틴을 먼저 잡고 그 위에 새로운 가지 루틴을 더했을 가능성이 높다.

뼈대 루틴이 단단할수록, 즉 뼈대 루틴을 잘 지킬수록 새로운 루틴도 잘 지킬 가능성이 높아진다. 심지어 루틴을 실행한 후 체크하는 습관까지 있다면 더 쉽다. 이미 행동하고 체크하는 습관이 있으니, 다른 루틴을 추가해 실행하고 체크하는 것까지 쉽게 습관이 되기 때문이다. 또 다른 루틴을 체크하면서 새로운 루틴을 확인하고 기억할 수 있다.

2) 원하는 목표에서 시작하기

앞에서 아주 작은 루틴에서 시작해 유용한 루틴을 찾아가는 과정을 이야기했다. 하지만 이는 루틴을 처음 시작한 사람이 해내기는 다소 어려울 수 있다. 이미 명확한 목표가 있는 사람이라면 모를까, 번뜩 떠오른 루틴을 삶의 목표로 연결 짓는 건 쉽지 않기 때문이다. 그래서 내가 하고 싶고 내게 유용한 루틴을 만들고 싶다면 아예 목표에서부터 시작하는 것 또한 추천한다. 다시 말해 내가 현재 이루고 싶은 것, 해내고 싶은 것을 먼저 떠올리고 그걸 위한 루틴을 고민하는 것이다.

사람들은 어떤 목표를 위해 루틴을 할까? 사실 사람은 다양하면서도 일관적이라 사람들이 가진 목표의 주제는 크게 여덟 가지로 정리할 수 있다. 원하는 목표를 떠올릴 수

161

있게 함께 살펴보자.

　· 건강 목표 **건강하게 살아가기 위한 목표**

　체력을 기르는 것부터 건강한 몸으로 살거나 만성질환
을 관리하는 것까지 모두 해당한다. 건강한 음식을 먹는
것, 꾸준히 운동하는 것, 적절한 수면 패턴을 지키는 것 등
건강을 위한 모든 루틴이 이 목표를 위한 루틴이다.

　· 셀프케어 목표 **마음을 단단하고 유연하게 지키기 위한 목표**

　건강한 자존감을 유지하는 것, 나를 위한 시간을 가지
는 것, 스스로를 챙기는 것 등이 모두 해당한다.

　· 커리어/성장 목표 **원하는 커리어를 쌓고 성장하기 위한 목표**

　원하는 회사에 입사하거나 잘맞는 직무를 찾거나 이미
하는 일에서 전문성을 발휘하기 위해 공부하는 것 등이 여
기에 해당한다. 학생이라면 시험에서 원하는 성적을 받는
공부 목표도 여기에 해당한다.

• 자산 목표 **원하는 자산을 만들기 위한 목표**

시드머니를 모으거나, 주식, 부동산 등 재테크를 공부하거나, 새로운 부업을 시작하고 자리를 잡는 것 등이 모두 해당한다.

• 관계 목표 **좋은 관계를 만들고 유지하기 위한 목표**

좋아하는 사람과 시간을 보내거나, 연애, 결혼을 하거나, 마음을 표현하거나, 새로운 사람을 만나거나, 아끼는 사람들과 꾸준히 인연을 이어나가기 위한 행동이 이에 해당한다. 부모, 형제, 친구, 연인, 자녀, 동료와 좋은 관계를 유지하는 것부터 반려동물을 잘 케어하는 것까지 모두 관계 목표에 들어갈 수 있다.

• 매력 목표 **매력적인 사람으로 살기 위한 목표**

피부나 몸매 등 외면을 가꾸는 것, 꾸준한 성찰과 사고 등 내면을 가꾸는 것, 화술을 연습하거나 지적 역량을 갖추는 것 등 나를 가꾸거나, 내 스타일을 찾거나, 내 장점을 갈고 닦는 것이 이에 해당한다.

• 여가 목표 **즐거움과 의미를 느끼는 일에 시간을 쓰기 위한 목표**

새로운 취미를 찾거나, 악기를 배워 공연을 하거나, 좋아하는 분야나 사람의 덕질까지도 포함된다. 지적 호기심을 느끼는 분야에서 커리어와 별개의 자격증을 따는 것도 여가 목표에 포함된다.

• 일상 목표 **일상을 보다 생산적이고 편안하게 만드는 목표**

집을 깨끗하게 유지하거나, 집안일 루틴을 만들거나, 시간을 효율적으로 보내기 위해 일상을 자동화하는 것이 이에 해당한다. 직장인이라면 업무 생산성을 높이기 위해 책상을 치우거나, 커피를 마시는 것도 일상 목표로 볼 수 있다.

• 기타 목표 **내가 추구하는 가치와 관련이 있는 그 외 목표**

종교인이라면 종교 생활과 관련된 활동을 하는 것, 환경을 지키기 위해 에코 루틴을 꾸준히 실천하는 것 등을 예로 들 수 있다.

이 목표 중에 공감되는 목표가 있는가? 상세한 목표는 다를 수 있어도, 아마 대다수의 목표가 이 여덟 가지 목표와 연결되어 있을 것이다. 이 목표 중 끌리거나 유난히 중요한 목표가 있다면 거기에서 필요한 루틴을 떠올려보자. 참고로 하나의 루틴이 여러 목표에 해당할 수 있다. 예를 들어 '하루 한 끼 가벼운 식사를 하기' 루틴은 건강 목표를 위한 루틴일 수도 있지만, 매력 목표를 위한 루틴일 수 있다. 사실 하나의 루틴이 내가 중요하게 생각하는 여러 목표에 해당될수록 원하는 삶을 사는 것이 점점 더 쉬워진다.

3) 단기·장기·평생 목표 구분해 루틴 짜기

같은 주제의 목표라도 그 목표를 달성하고자 하는 기간에 따라 알맞은 루틴이 달라질 수 있다. 이를 크게 단기 목표, 장기 목표, 그리고 평생 목표로 구분한다. 단기 목표는 한 분기 내에 끝나는 목표를 의미한다. 이보다 더 짧을 수도 있다. 두데이도 달성 기준이 명확하다. 바디프로필 찍기, 자격증 따기 등의 목표가 해당하며 넓게 보면 한 달 챌린지도 여기에 속한다. 장기 목표는 한 분기 이상, 길면 1년 단위 목표를 의미한다. 단기 목표보다 오랜 시간이 걸리지만 평생 목표에 비하면 성공 기준이 분명한 편이다. '유튜브 구독자 1만 명 달성', '1억 시드머니 모으기', '원하는 회사로 이직하기' 같은 목표가 해당한다. 평생 목표는 말 그대로 사는 내내 달성해야 할 목표다. 끝나는 날과 달성 기준이 명확하지 않다. 건강하게 살기, 좋은 사람들과 함께하기, 나를 챙기며 살기, 꾸준히 성장하기 등이 해당하며, 보통 개인의 가치관이나 삶의 주요 영역과 관련이 많다.

만약 단기 목표를 떠올리고 루틴을 짠다면 '이 목표를 달성하기 위해 무엇을 이루어야 하는지'를 생각해보는 게 좋다. 그리고 목표를 위해서 하루에 어떤 일을 얼마나 해야 하는지를 역산하면 목표를 위한 루틴이 떠오를 것이다. 이후 루틴을 실천하면서 나에게 맞는 방식으로 조금씩 고치면 된다. 참고로 단기 목표를 위한 루틴은 장기 목표를 위한 루틴보다 조금 더 어려워도 괜찮다. 끝나는 날이 가까워지는 게 보이고, 달성 여부가 눈에 보이는 만큼 동기도 강하고 덜 지치기 때문이다.

반면 장기 목표를 위한 루틴은 지치지 않도록 작고 쉬운 형태로 계획할 필요가 있다. 예를 들어 유튜브 구독자 1만 명을 모으기 위해 매일 30분짜리 영상 한 개 올리기를 한다면 지속하기 어려울 것이다. 10분 영상 올리기 등으로 행동을 쉽게 만들거나, 일주일에 한 개 올리기 등 루틴의 빈도를 줄여서 난이도를 조정해야 한다. 장기 목표의 중요한 점은 반드시 회고를 포함시켜야 한다는 것이다. 이 루틴을 한 달간 실천한다면 목표 달성에 도움이 될지, 앞으로도 이렇게 실천하면 목표를 달성할 수 있을지 돌아보면서 조정해나간다.

마지막으로 평생 목표를 위한 루틴을 짤 때는 방향성에 집중하며 최대한 가볍게 만드는 것이 중요하다. 예를 들어 '건강하게 살기' 위해서 '매일 1시간 운동'을 택한다면 오래하기 힘들다. 중요한 목표인만큼 잘하고 싶은 마음이 크겠지만 쉬운 목표로 시작해서 익숙해진 뒤 다른 루틴을 하나씩 더하거나 난이도를 높이는 걸 추천한다.

평생 목표를 정하는 또 다른 팁은 그 목표를 달성하며 사는 사람은 어떤 모습일지 상상해보는 것이다. 건강하게 사는 사람이라면 어떤 일상을 보낼지, 어떤 습관을 가지고 하루를 살아갈지 생각해보는 것이다. 만약 꾸준히 운동하고, 건강한 음식을 먹고, 적절한 수면을 취할 것 같다면? 나 역시 그 활동을 루틴으로 만들고 지키면 된다.

마찬가지로 '가족을 잘 챙기는 사람이라면 가족과 꾸준히 식사하지 않을까?' '나를 잘 챙기는 사람이라면 일기를 꾸준히 쓰며 스스로를 돌아보는 시간을 가지지 않을까?' '정신적으로 건강한 사람이라면 자신의 삶에 감사하지 않을까?' 같은 상상을 하고 이를 루틴으로 만들면 된다. 가족을 잘 챙기며 살기 위해 주말에는 가족과 식사하고, 자신을 잘 챙기기 위해 매일 한 줄이라도 일기를 쓰고, 정신적으로 건강하게 살기 위해 세 가지 감사 일기를 적는 걸 루틴으로 만들 수 있을 것이다.

만약 목표는 명확한데 상상이 잘 되지 않는다면 주위를 둘러보고 실제 사례를 찾아봐도 좋다. '매력적인 사람으로 살기'라는 목표가 있는데 어떤 루틴을 해야 할지 떠오르지 않는다면 매력 있다고 생각한 사람을 떠올리고 그 사람의 습관을 찾거나 그 사람이 할 만한 행동을 떠올리면 도움이 된다.

4) 뼈대 루틴으로 루틴 관리하기

나 또한 뼈대 루틴을 잡은 후에 안정적으로 루틴을 추가했다. 하루 30~40개의 루틴을 거뜬히 소화할 수 있는 비결이 바로 여기에 있다. 이미 잘하는 루틴 위에 다른 루틴들을 더하다 보니 연속으로 대여섯 개의 루틴을 쉽게 실천하게 되었고, 흩어져 있던 뼈대 루틴을 중심으로 루틴 세트가 생기면서 전체적으로 관리할 수 있는 루틴까지 늘어났다. 자연스럽게 하루의 리듬이 생겼고, 내가 원하는 행동을 더 많이, 자주 할 수 있었다. 아침부터 저녁까지 하루가 한눈에 보이니 필요한 루틴을 떠올리고, 어디에 넣을지 고민하고, 실천하며 괜찮은지 확인하고, 필요하면 수정하는 과정 자체가 아주 쉬워졌다.

그렇기 때문에 본격적으로 루틴을 쌓아가기에 앞서 뼈대 루틴을 단단하게 잡는 것을 추천한다. 뼈대가 단단할수록 그 위에 쌓는 가지 루틴도 흔들리지 않고 단단하게 고정된다. 하지만 뼈대가 잡히기 전에 무리하게 루틴을 늘린다면 바닥부터 흔들리게 된다. 최소한 3일, 웬만하면 일주일, 쉽게 익숙해지지 않는다면 2주 이상 루틴의 뼈대를 잡는 데 집중하자. 그보다 길어진다면 뼈대 루틴으로 적당하지 않을 수 있으니 다른 루틴으로 바꾸는 것도 추천한다. 물론 사람마다 뼈대 루틴이 잡히는 속도는 다르다. 스스로 느끼기에 충분히 익숙해졌고, 계속 잘 지킬 것 같다는 확신이 들면 언제든 다른 루틴을 더해도 괜찮다. 참고로 루틴 두 개가 연결되어 있는 것보다 네다섯 개가 연결되어 있을 때 더 잘 지킬 수 있으니 뼈대 루틴이 잡혀 있다면 그 루틴을 중심으로 여러 가지 루틴을 쌓아보는 걸 추천한다.

2

내게 맞는
가지 루틴 더하기

'매일 아침 7시에 일어나기', '양배추즙 챙겨 먹기', '자기 전 일기 쓰기' 이 세 가지 루틴은 나에게 적당한 루틴일까? 하고 싶다는 생각이 드는가? 이에 대한 답은 사람마다 다를 것이다. 아침을 잘 보내고 싶은 사람에게 7시에 일어나기 루틴은 유용하겠지만, 3교대 업무를 하는 사람에게는 오히려 컨디션에 방해가 되는 루틴이다. 마찬가지로 위 건강에 신경 쓰는 사람이라면 위에 좋은 양배추즙 먹기는 유

용한 루틴이겠지만, 위가 튼튼한 사람에게는 그다지 필요
한 루틴이 아닐 것이다. 자기 전 일기 쓰기 역시 마찬가지
다. 하루를 기록하고 되돌아보고 싶거나, 감정 관리를 하고
싶은 사람에게는 유용하고 매력적인 루틴이겠지만, 이런
목적이 없는 사람에게는 굳이 챙겨야 하는 활동은 아니다.

1) 내게 맞는 루틴 찾기

이처럼 루틴의 중심에는 '내게 도움이 될 것'이라는 전제
가 깔려 있다. 따라서 그 어떤 루틴도 루틴 자체만으로 하
고 싶을지 아닐지를 판단할 수 없다. 나에게 도움이 되는
지, 내 취향에 맞는지를 봐야 하기 때문이다. 같은 맥락에
서 많은 루틴을 관리할 수 있는 스킬을 익혔다고 해도 자신
에게 알맞은 루틴을 찾지 못한다면 아무 의미가 없다.

그렇다면 내게 알맞은 루틴이란 무엇일까? 나는 '내가
하고 싶으면서 할 수 있는 루틴'이라고 생각한다. 하고 싶
을 만큼 유용하고 매력적이면서, 할 수 있을 만큼 현실적이
고 가벼워야 한다. 그래야 루틴을 하는 것이 의미도 있고
실제로 실천하며 변화도 만들어갈 수 있기 때문이다. 루틴

을 실천하면서 더 많은 루틴을 관리하며 내가 원하는 삶에 가까워질 수 있다면 더욱 완벽하고.

　루틴 고수라면 내가 하고 싶으면서 할 수 있는 루틴을 쉽게 떠올릴 수 있지만, 루틴 관리에 익숙하지 않다면 단계를 밟아가며 완성해야 한다. 일단 하고 싶은 루틴을 먼저 떠올리고 할 수 있게 바꾸는 것이다. 그렇다면 유용하면서 하고 싶은 루틴은 어떻게 찾을까?

2) 오래가는 루틴 쌓기

　지금 머릿속에 떠오르는 루틴이 있는가? 재밌게도 이 질문을 던지면 많은 사람이 셋 중 하나를 말한다. 운동하기, 책 읽기, 그리고 외국어 공부. 신년 목표 통계를 볼 때마다 이 세 가지가 꼭 나오는 걸 보면 아무래도 한국인의 소울 목표임이 틀림없다. 하지만 매년 신년 목표에 오르는 이유는 무엇일까? 이미 잘 지키고 있지만 올해도 잘하고 싶어서? 그런 사람도 있겠으나 사실 99퍼센트의 사람은 그렇지 않다. 보통 성공하지 못했기 때문에 올해도 목표로 세운다. 사람들이 이 목표를 지키지 못하는 이유는 지키기 좋은 목표도, 하기 쉬운 루틴도 아니기 때문이다.

　　　　　　　·

　사람들에게 무엇을 하고 싶냐고 물었을 때 가볍게 떠오르는 루틴은 지향하는 지점이긴 하지만 진지하게 열망하지는 않을 가능성이 크다. 그래서 자주 언급하면서도 잘 지키지 못하는 것이다. 이런 목표를 지키고 싶다면 크게 두 가지 방법이 있다. 하나는 횟수나 두데이를 정하는 것이다. 단순히 운동하기보다는 100일 스쿼트 챌린지가 매력적이고 책 읽기보다는 30일간 매일 책 읽기가, 외국어 공부하기보다는 100일 영어 단어 외우기가 매력적이다. 이처럼 횟수나 두데이를 정하는 순간 챌린지 자체가 목표가 되고, 달성했을 때 보다 큰 성취감을 느낄 수 있다. 또 진행률이 한눈에 보이기 때문에 지속할 수 있는 비결이 되기도 한다.

　하지만 이것만으로는 부족하다. 처음에야 성취감이 크지만 점점 둔감해지는 데다가 30일간, 100일간 실천해서 얻고 싶은 결과가 뚜렷하지 않기 때문에 챌린지를 한두 번 달성하고는 동기마저 잃어버린다. 그렇다면 어떻게 해야 오래가는 루틴을 만들 수 있을까? 위의 문장에 답이 있다.

30일간, 100일간, 혹은 그보다 오래해서 얻고 싶은 구체적인 결과가 있으면 동기가 유지된다. 그냥 100일간 운동하기보다는 100일 운동으로 근육량 3킬로그램 늘리기가 더 매력적인 목표다. 책을 30일간 읽는 것보다 관심 있는 분야의 책 다섯 권을 읽고 이 분야에서 똑똑해지기가 좋은 목표다. 마찬가지로 영어 단어를 30일간 외우는 것보다 읽고 싶은 아티클의 영어 단어를 외워 글을 편하게 읽기나, 필요한 시험에서 고득점을 얻겠다고 결심하는 것이 더 좋은 목표다.

하지만 이 역시도 1년 열두 달 이어지는 루틴을 만들기에는 부족하다. 근육량이 3킬로그램 늘면, 관심 분야 책을 다섯 권 읽고 나면, 시험에서 원하는 점수를 얻으면 동기가 끝나기 때문이다. 따라서 오래가는 루틴을 만들고 싶다면 떠오른 루틴을 장기적인 목표 혹은 가치와 연결하는 것이 가장 좋다. 예를 들어 관심 분야의 책 마스터하기가 좋은 커리어 쌓기의 일부라면? 다섯 권을 읽은 이후에도 이어갈 가능성이 높다. 단순히 책 읽기 루틴에서 그치지 않고 좋은 커리어 쌓기라는 목표를 위한 다른 루틴을 떠올리고 더해 갈 가능성도 생길 것이다.

3) 하고 싶은 루틴을 만드는 보너스 팁

내가 원하는 목표를 떠올리고 하고 싶은 루틴을 찾아냈다면 끝일까? 모든 루틴은 실행해보면 나와 맞는지가 보다 명확하게 보인다. 다시 말해 목표와는 일치할 수 있지만, 그 목표를 위해 해야 하는 여러 활동 중 나에게 좀 더 맞는 활동이 있다. 우리는 이루고 싶은 목표를 위해 하기 싫은 일도 할 수 있다. 하지만 그 일이 더 재밌거나 쉬우면 좋지 않겠는가? 같은 목표를 위한 루틴을 떠올리더라도 내 취향을 고려해서 루틴을 짜는 게 좋다.

이건 해봐야만 알 수 있다. 물론 하기 전에도 명확한 것이 있겠지만 막상 해보면 의외로 쉽거나 재밌을 때도, 의외로 너무 하기 싫을 때도 있다. 머리로만 고민하기보다 일단 가볍게 해보고 바꿔가는 걸 추천한다. 예를 들어 자산 목표를 위해 한 달에 30만 원씩 저축하기로 했다면, 이 루틴을 이룰 수 있는 방법은 다양하다. 회사가 가깝다면 대중교통을 이용하는 대신 걸어갈 수 있고, 외식을 하는 대신 도시락을 싸거나, 약속을 줄일 수 있다. 일상적으로 나가는 커피 소비를 멈출 수도 있다. 일단 내가 쉽게 할 수 있을 것 같은 루틴을 고르고, 빠르게 시도해보는 걸 추천한다. 실천하면서 정말 안 맞는다는 생각이 든다면 그때 다른 방법으로 바꾸면 된다.

난이도를 조절하는 것도 하나의 방법이다. 난이도를 적절히 조절하지 못해 너무 어려운 루틴을 할 바에는 무조건 쉬운 루틴을 하는 게 좋다. 하지만, 너무 욕심내지 않고 적절한 비율을 맞출 수만 있다면 조금은 어려운 루틴을 하는 것도 루틴을 재미있게 이어갈 수 있는 방법이다. 다시 말해 충분히 실천할 수 있을 만큼 쉬우면서도 성취감을 느낄 수 있을 만큼 어려운 루틴으로 바꿔가는 것이다. 예를 들어 건강 목표를 위한 하루 30초 플랭크는 충분히 지킬 수 있는 쉬운 루틴이다. 만약 여기에 스쿼트 열 개를 더한다면? 실천하지 못할 정도로 어려운 루틴은 아니며 하고 나면 분명 더 뿌듯하다. 그럼 이걸로 하면 된다. 성취감이 큰 만큼 더 재밌게 할 수 있을 테니까.

하지만 모든 루틴을 아슬아슬한 난이도로 만드는 건 금물이다. 힘든 루틴이 여러 개가 되면 전체 루틴의 난이도가 올라간다. 뼈대 루틴은 무조건 쉽다는 전제하에 하나의 루틴 세트당 한 개 정도만 난이도를 높이면 된다. 모든 루틴이 어렵다면 절대 지킬 수 없지만, 도전 루틴 한두 개는 전체 루틴을 지키는 데 적당한 긴장감을 불어넣고 실천했을 때는 성취감을 배로 느끼게 해준다.

3

루틴 쌓기:
노하우와 실전 예시

:

이제 어떤 가지 루틴을 쌓고 싶은지, 어떤 목표를 달성하고 싶은지 명확해졌다. 그럼, 루틴은 어떻게 쌓아갈 수 있을까? 간단하다. 두 가지만 기억하면 된다. 언제 할지 정하기. 5분 또는 10분 이내로 줄이기.

1) 가지 루틴을 쌓는 3가지 노하우

언제 할지 명확하게 정하기

 루틴을 언제 할지 명확하게 정하는 것만으로 실천 가능성은 배로 높아진다. 예를 들어 매일 책 읽기가 '희망 행동'이라면, 출근길에 지하철 타면 매일 10분 책 읽기는 '행동 계획'이다. 지하철을 타면 책을 읽어야 한다. 하루 중 책 읽기처럼 불명확하지 않기에 미룰 수가 없다. 행동을 일으키는 '실행 의도Implementation Intention'가 발생하는 것이다. 따라서 어떤 루틴을 해내고 싶다면 일단 언제 할지부터 생각해야 한다.

 게다가 이 방법은 루틴의 현실성을 더하는 데도 도움이 된다. 간단한 행동일지라도 실제로 실천하는 것은 쉽지 않다. 하지만 언제 할지 고민한다면 할 수 있는 타이밍을 떠올리고 행동할 가능성이 높다. 예를 들어 '하루 10분 얼굴 마사지' 루틴을 만든다고 하자. '하루'라는 기준은 애매모호하다. 퇴근하고 집에 와서 하면 되지 않을까? 퇴근 후에 설마 10분 여유가 없을까. 하지만 그 10분의 여유가 없는 경우가 많다. 퇴근하고 자기 전까지 긴 시간이 있지만 루틴은 계속 밀린다. 언제 할지를 정하지 않은 루틴은 언제든 할 수 있기 때문에 오히려 할 수 없지만, 언제 할지를 정한 루틴은 언제든 할 수 없기 때문에 하게 된다. 그러니 무언가를 정말로 하고 싶다면 그 활동을 하루의 어느 순간에 넣을지 고민해보자.

사실 새로운 루틴을 언제 하면 좋은지는 이미 알고 있다. 뼈대 루틴을 단단하게 다지는 게 중요한 이유는 뼈대 루틴을 만들고 다른 루틴을 쌓아가기 위해서였다. 그렇기에 새로운 루틴을 시작하기 가장 적절한 시점은 '이미 잘 지키고 있는 루틴 다음' 혹은 '매일 반복하는 일상의 어떤 시점'이다. 일상의 어떤 시점 중에서도 기상 직후, 출근 직후, 점심 직후, 퇴근 직후, 귀가 직후 등 그다음에 시간이 확보되는 시점이 가장 좋다.

새로운 루틴을 시작하기 좋은 시점 하나가 더 있다. 계속하고 싶지 않은 안 좋은 행동을 시작하려 할 때다. 난이도가 조금 있지만 잘 적용할 수만 있으면 정말 효과적이다. 안 좋은 습관을 없애는 동시에 좋은 습관을 더하는 방법이기 때문이다. 예를 들어 출출할 때 과자를 먹는 습관이 있다고 해보자. 이 경우 '출출함을 느낀다'가 하나의 반복 신호이자 시작점이다. 그리고 이걸 느낀다면 과자를 향해 직행할 것이고. 다시 말해 '출출할 때 과자 먹기'가 내 의지와 상관없이 루틴에 포함된 것이다. '출출할 때' 다른 행동을 하는 걸 루틴으로 만들면 기존 루틴을 없애면서 새로운 루틴을 만들 수 있다. 예를 들어 출출할 때 히비스커스 차 한잔을 마시는 걸 루틴으로 만든다면? 간식을 먹는 습관을 없애면서 차 한잔의 여유를 즐길 수 있다. 이런 과정이 어렵다면 바나나 하나 먹기 등 출출함을 채워주면서도 건강을 해치지 않는 활동을 만드는 것도 방법이다.

요약하면 ① 잘 지키고 있는 뼈대 루틴 다음 ② 이미 반복되는 일상 행동 다음 ③ 시간이 확보되는 시점 ④ 없애고 싶은 안 좋은 습관이 시작되려는 순간이 루틴을 하기 좋은 때다. 분명하게 기억하면서도 쉽고 단단하게 루틴을 만들 수 있을 것이다.

루틴을 세트로 만들기

언제 할지 정하고, 쉬운 루틴으로 만들어 루틴을 쌓기 시작했다면 이제 가속도를 경험할 때다. 루틴 쌓기의 매력은 많이 쌓을수록 더 강력해진다는 것이며, 루틴을 세트로 만들 때 확실하게 경험할 수 있다. 여러 루틴을 연결해 루틴 세트를 만들어두면 기억하고 실천하기 쉽고, 조금 어려운 루틴을 더하더라도 손쉽게 이어갈 수 있기 때문이다.

현재 나는 기상 직후, 출근 직후, 퇴근 직후에 세 가지의 루틴 세트가 있다. 기상 직후 루틴 세트에는 여덟 개의 루틴이, 출근 직후 루틴 세트에는 세 개의 루틴이, 퇴근 직후 루틴 세트에는 여덟 개의 루틴이 있다. 이 루틴 세트를 하나하나 만들고 지키려고 했다면 훨씬 어려웠겠지만, 세트로 만드는 순간 전체적인 난이도가 줄어들고 훨씬 많은 루틴을 지킬 수 있다.

[예시] 민송 루틴 세트

기상 직후 루틴 세트

① 눈 뜨자마자 물 한 잔

② 물 마시면서 유산균 챙겨 먹기

③ 마이루틴에 기상 컨디션 체크

④ 화장실 가며 플레이 리스트 선곡

⑤ 선곡한 노래 들으면서 샤워

⑥ 샤워하고 몸무게 재기

⑦ 옷 입고 양배추즙 마시기

⑧ 양배추즙 마시고 간단한 아침 식사(공복 커피 X)

출근 직후 루틴 세트

① 출근하고 책상 정리하기

② 책상 정리하고 커피 내리기

③ 커피 마시며 하루 업무 계획 짜기

퇴근 직후

① 귀가 시 계단으로 올라가기

② 집 도착하면 바로 씻기

③ 씻고 비타민 D, 콜라겐 챙겨 먹기

④ 영양제 먹고 (쓰레기 버리며) 하루 세 개 방 정리

⑤ 방 정리하고 캔들 워머 켜고 향멍

⑥ 향멍하다가 일기 쓰기

⑦ 일기 쓰고 ㄴ자 다리 하기

⑧ ㄴ자 다리 하며 웹툰이나 뉴스레터 읽기(시즌별로 다름)

참고로 루틴 세트를 만들 때는 물 마시면서 유산균 먹기
나 영양제 먹고 쓰레기 버리는 김에 하루 세 개 방 정리하
기, 캔들 워머 켜고 향멍하다 일기 쓰기처럼 루틴을 수행하
기 위해 필요한 동선이나 위치가 서로 연결되면 더 좋다.
의지를 시험할 필요도 없이 매끄럽게 루틴을 실천할 수 있
을 것이다.

루틴 세트를 만들어라, 루틴은 속도가 아니라 방향이다

쉽게 만들기

쉬운 루틴과 어려운 루틴 중 쉬운 루틴이 실천하기 쉽다는 건 너무나 당연한 말이다. 그럼에도 불구하고 사람들은 쉬운 루틴을 만들기 싫어한다. 왜? 성취감이 적으니까. 이렇게 쉬운 행동은 루틴이 아니어도 할 수 있다고 생각하거나, 실천하고 나서도 그다지 뿌듯함을 느끼지 않는다. 완벽주의가 있거나 스스로에 대한 기대가 클수록 이런 성향이 크다. 하지만 안타깝게도 새로운 활동을 시작하는 것은 생각보다 훨씬 어려운 일이다. 뇌는 하던 활동을 할 때는 에너지를 거의 쓰지 않지만, 새로운 활동은 아무리 간단한 것이라 할지라도 뇌에 부하를 준다. 따라서 무언가를 시작할 거라면 아주 가볍게 만들어야 한다. 일단 시작하고 습관으로 만든 뒤 난이도를 높여도 충분하다.

그럼에도 불구하고 어려운 루틴을 잘 해내고 싶을 수 있다. 이 경우에는 루틴을 두 개로 나눈다. 어려운 루틴일수록 실천할 수 있는 환경을 만드는 것이 중요한데 이를 별개의 루틴으로 만들면 도움이 되기 때문이다. 예를 들어 책을 30분 정도 읽고 싶다면 책을 펴는 행동을 시작 루틴으로 만드는 게 도움이 된다. 운동을 하고 싶다면 운동복으로 갈아입는 걸 루틴으로 만들면 도움이 된다. 책을 펴면 읽기 쉬워지고, 운동복을 입으면 운동하기 쉬워지기 때문이다. 이런 식으로 어려운 루틴을 달성하기 위해 반드시 해야 하는 쉬운 활동을 찾아 루틴으로 만들면 어려운 루틴까지 달성할 가능성이 높아진다.

단, 시작 루틴의 핵심은 책을 펴기만 해도, 운동복을 입기만 해도 달성으로 보는 것이다. 정말 하기 싫은 날이라면 책을 펴기만 해도, 운동복을 입기만 해도 괜찮다. 그것만으로도 책을 읽기 위해, 운동을 하기 위해 노력한 것이며 오늘은 못 했지만 앞으로 계속할 거라는 시그널을 스스로에게 준 것이다. 시작 루틴만 달성해도 자신을 칭찬할 수 있어야 한다. 그리고 꾸준히 하면 된다. 시작 루틴만으로 책을 읽고, 운동하는 횟수가 훨씬 늘어날 것이다.

마지막으로 루틴 시간을 줄이는 게 의미가 없는 경우라면, 루틴의 빈도를 조절하는 것도 하나의 방법이다. 매일 하는 것보단 주 1회 하는 게 훨씬 지키기 쉬우니 말이다.

이제 하고 싶은 루틴을 찾는 법도, 언제 할지 정하는 법도, 바로 시작할 수 있도록 쉽게 만드는 법도 알았으니 실제 예시를 통해 실전 감각을 익혀보자. 아래 세 가지 예시는 내가 루틴을 만들고 쌓아가면서 겪은 경험이며, 다수의 사람이 잘하고 싶어 하는 목표이기도 하니 누구나 응용하기 쉬울 것이다.

하루 1시간 책 읽기 → 출근길 10분 독서

처음 하고 싶은 루틴을 떠올렸을 때 나는 가장 먼저 하루 1시간 독서를 생각했다. 책 읽는 걸 좋아해서? 독서가 취미라서? 그렇지 않았다. 하루 1시간 책을 읽고 싶었던 이유는 꾸준히 성장하고 싶어서였다. 정확하게는 커리어 목표를 위해 새롭게 알고 배워야 할 게 너무 많아서였다.

물론 일을 막 시작한 신입은 아니었지만 여전히 더 잘해야 했다. CEO로서 경험이 쌓이는 만큼, 팀과 투자자 그리고 내가 나에게 거는 기대가 커졌다. 독서는 이 문제를 해결하는 방법 중 하나였다. 현재 가장 어려움을 느끼는 분야에서 도움이 될 만한 책을 읽고, 지금 할 수 있는 일을 찾아 행동으로 옮길 수 있었으니까.

이렇게 생각하면 하루 1시간도 부족했다. 마음 같아서는 하루 2시간, 3시간도 필요하다 싶었지만 너무 큰 목표는 꾸준히 실천할 수 없기에 포기했다. 애초에 이는 루틴이 아니라 도전에 가까우리라. 일단 쉽게 만들었다. 하루 1시간 독서는 어렵지만 하루 10분 독서는 할 수 있을 것 같았다. 하루 종일 책 읽을 시간이 없어도 퇴근길이나 출근길에는 책을 읽을 수 있으니 말이다.

습관 공부를 열심히 했으니 그에 따라 '언제 할지'를 정해보기로 했다. 언제 할지 정해서 내가 해낼 확률을 38퍼센트에서 91퍼센트까지 올리고 싶었다. 최적의 타이밍이 떠올랐다. 바로 출근길 지하철이었다. 당시 내 출근길은 지하철로만 26분이 걸렸다. 보통 지하철을 타면 밤새 밀린 카카오톡과 업무 메신저를 확인하고 SNS나 가벼운 스낵 뉴스를 보는 경우가 많았다. 하지만 SNS와 뉴스는 생략해도 되지 않을까? 업무 메신저도 출근해서 확인해도 되는 일이었다. 그래, 26분 중 10분 정도는 책 읽는 데 쓰자. 좀 더 정확히는 지하철에 타서 메시지 답장만 마치면 바로 책을 꺼내는 걸로 정했다.

이는 아주 좋은 전략이었다. 일부러 시간을 내서 책을 읽는 것보다 이미 있는 시간에 책을 읽는 게 훨씬 쉬웠기 때문이다. 상황이 명확하게 정해져 있기에 더더욱 지키기 쉬웠다. 출근길이라는 시간이 확보되었기에 10분이 지나도 계속 책을 읽는 날도 많았다. 루틴을 달성했다는 만족감과 루틴이 쌓이고 있다는 충족감이 있었다. 목표와 일치하면서도 내가 충분히 실천할 수 있는, 그야말로 나와 맞는 루틴이 된 것이다. 그렇게 하루 10분씩 책을 읽었고, 그 10분이 쌓이고 쌓여 어느새 8,000분을 넘겼다. 별다른 노력 없이도 133시간의 독서를 하게 된 것이다. 이 시간을 활용해 도움이 되는 책을 다양하게 읽었고, 나와 회사를 꾸준히 성장시키는 데 실질적인 동력을 얻을 수 있었다.

아침에 1시간 일찍 일어나기 → 눈 뜨자마자 물 한 잔

두 번째로 작게 줄여본 활동은 아침에 1시간 일찍 일어나기였다. 나는 왜 아침에 1시간 일찍 일어나고 싶었을까?

크게 두 가지 이유가 있었다. 하나는 아침을 여유롭고 긍정적으로 시작하고 싶어서였다. 일종의 셀프 케어였고 일상 루틴을 만들고 싶었다. 두 번째 이유는 1시간 일찍 일어나 그 시간을 활용해보고 싶어서였다. 하지만 두 번째 이유는 좋은 목표가 아니라는 걸 알았다. '아침에 일찍 일어나면 시간을 알차게 보내지 않을까?'라는 막연한 생각은 1시간 일찍 일어나게 할 동기가 되지 못했기 때문이다. 즉, 이 경우 1시간 일찍 일어나는 게 아니라, 1시간 일찍 일어나서 하고 싶은 일이 중요했다. 그래서 첫 번째 목표로 다시 돌아갔다. '여유롭고 긍정적인 아침'을 맞이하려면 무엇이 필요할까?

이건 아주 간단한 행동과 짧은 시간에도 가능하다는 걸 깨달았다. 눈 뜨자마자 하는 활동을 바꾸면 된다. 당시 나는 눈 뜨면 핸드폰을 열어 알람을 미루고 SNS를 보는 습관이 있었는데 이 습관은 여유롭고 긍정적인 아침에 전혀 도움이 되지 않았다. 그래서 아침에 눈 뜨면 알람을 끄고 바로 물을 한 잔 마시기로 했다. 안 좋은 행동이 시작되는 시점에 원하는 행동을 해서 루틴으로 바꾼 것이다.

다만 난이도가 있는 시작점이기에 다른 루틴을 하나 더 추가했다. 자기 전에 물을 한 잔 떠서 머리맡에 두는 것이다. 환경을 세팅하면 습관의 난이도를 낮아져 루틴을 더 쉽게 실천할 수 있다. 졸린 상태에서 더 자고 싶은 마음을 누르고 거실로 나가 물을 마시는 건 쉽지 않지만, 팔을 뻗으면 바로 닿는 컵을 잡는 건 쉽다. 컵을 드는 순간 누워 있을 수 없기에 일단 일어나 앉게 되고, 침대에 앉아서 물을 한 모금 마시는 것, 건조한 목에 미지근한 물이 닿는 느낌이 좋았다. 물을 마시면서 서서히 정신이 깨어나는 감각도 좋았다.

게다가 이 루틴은 건강에도 좋았다. 루틴 의욕을 더 높이기 위해 정보를 찾아보았는데 '공복에 물 한 잔을 마시면 신진대사와 혈액순환을 촉진시키고, 장운동을 원활하게 해준다'고 한다. 건강을 챙기는 것은 내 삶의 중요한 목표 중 하나였기에 이 루틴을 지키고 싶다는 다짐이 더욱 커졌다. 실제로 눈을 뜨고 물 한 잔을 마시고 나면 하루를 시작하자마자 몸과 마음을 챙겼다는 소소한 뿌듯함이 있다. 그 루틴이 어제의 시작 루틴 덕분에 가능했다는 것도 꽤히 좋았고.

그 결과 눈 뜨자마자 물 한 잔은 아침 루틴 세트의 시작점이자 눈 감고도 하는 뼈대 루틴이 되었다. 지금은 눈 뜨자마자 물을 마시면서 유산균을 챙겨 먹고 듣고 싶은 음악을 선곡하며 화장실로 간다. 방금 고른 노래를 들으며 기분 좋게 샤워를 하고 공복에 몸무게를 잰다. 눈 뜨자마자 물 한 잔이라는 뼈대 루틴을 만든 덕에 네 개의 루틴을 더하게 된 것이다. 당장 내일부터 하루를 다르게 시작하고 싶은 사람들에게 추천하고 싶은 루틴이다. 간단하고 유익하고 다른 루틴을 쌓기도 쉽다.

매일 1시간 운동하기 → 주 2회 1시간 운동 + 자기 전 스트레칭

매일 1시간 운동 루틴을 왜 하고 싶은지 생각해보았다. 제일 처음 떠오른 생각은 체력을 위해서였다. 나는 좋아하는 일을 하고 있고, 이 일을 오랫동안 잘하고 싶었다. 그런데 일을 하다 보면 체력이 부족해 저녁 때 생산성이 떨어지거나 어려운 주제로 회의를 할 때 정신적인 여유가 부족해지는 일이 종종 있었다. 지금 이렇다면 몇 년 뒤에는 어떨까? 두 번째 이유는 탄탄한 근육이 잡힌 건강하고 예쁜 몸을 만들고 싶어서였다. 체력을 기르는 김에 운동 습관도 만

루틴 세트를 만들어라, 루틴은 속도가 아니라 방향이다

들고, 운동 습관을 기르는 김에 예쁜 몸도 가질 수 있다면 좋겠다 싶었다.

두 가지 목표가 있는 만큼 의지는 굳건했지만 매일 1시간 운동은 쉬운 일이 아니었다. 책 읽기 루틴처럼 하루 10분으로 줄여버리기에는 체력 증진에 도움이 안 될듯 싶었다. 때문에 '주 2회 1시간 운동하기'로 바꿔서 실천해보기로 했다. 시간을 줄일 수 없다면 횟수를 줄인다. 주 3회도 생각했었지만 지키기 어려울 것 같아 일단 주 2회로 시작했다. 주 1회 운동도 제대로 안 하는데 2회만 해도 벌써 100퍼센트 이상 성장한 것이 아닌가!

다만 이 정도로는 아쉽기 때문에 탄탄하고 라인 잡힌 몸을 만들기 위해 간단한 스트레칭을 추가하기로 했다. 매일 10분 정도의 간단한 스트레칭을 추가한다면 몸의 피로도 해소하고 잠들기 적당하게 몸이 풀릴 거란 생각이 들었다. 적절한 시작점을 찾아보니 이미 지키고 있는 루틴인 '집 오자마자 바로 씻기' 다음이 좋겠다고 생각했다. 개운하게 씻고, 스트레칭까지 완료하고 나면 무척 뿌듯할 테니 말이다.

194

4

루틴은
속도보다 방향

루틴을 시작하고, 뼈대 루틴을 단단하게 만들고, 내게
맞는 새로운 가지 루틴들을 더한지 어느새 1,000일이 넘
었다. 그 결과 매일 39개, 주 단위로는 50개가 넘는 루틴
을 편안하게 소화하고 있다. 1,000일 동안 내 삶은 얼마나
달라졌을까? 일단 삶의 중요한 요소를 잘 챙길 수 있게 되
었다. 루틴을 하나하나 실천하면서 어느새 루틴을 통해 관
리하는 삶의 목표가 늘어났기 때문이다. 게다가 수많은 루

틴을 실천하고 있는데도 에너지는 거의 들지 않고, 여유 시간은 더 늘어났다. 지금의 나는 같은 시간에 더 적은 에너지로 더 많은 것을 해내며 삶의 목표를 향해 나아가고 있다.

물론 처음부터 이 모든 원리를 알았던 건 아니기 때문에 삶의 목표를 명확히 떠올리며 루틴을 짜지는 못했다. 하지만 루틴이 단단하게 자리 잡고, 하나씩 더해갈수록 내 루틴에 명확한 목표가 있다는 걸 느낄 수 있었다. 내가 꾸준히 실천하는 루틴에 나름의 방향성이 있었기 때문이다. 단기 목표를 위한 루틴을 제외하고 '내가 하고 싶어 하는 루틴'을 살펴보니 큰 틀에서 두 가지 가치를 향하고 있었다. 하나는 '내가 좋아하고 의미 있게 여기는 일을 잘하며 사는 것'이고, 하나는 '인간 옥민송으로 행복하게 사는 것'이다. 이 두 가지는 나의 평생 목표다. 기본 루틴은 이 두 가지 목표를 중심으로 짜고, 그때그때 하고 싶거나 필요한 루틴을 추가한다.

먼저 '내가 좋아하고 의미 있게 여기는 일을 잘하며 사는 것'은 '마이루틴 대표로서 유능하게 일하기'와 연결된다.

이를 위해 어떤 루틴이 필요할까? 사업 단계나 아이템, 상황에 따라 유능하게 일하기 위한 구체적인 조건은 달라지겠지만 언제 어떤 상황에서든 변치 않을 핵심은 건강과 체력, 멘탈, 그리고 꾸준한 성장이다. 그렇다면 '인간 옥민송으로 행복하게 사는 것'은 어떨까? 나를 잘 챙기고, 좋아하는 사람들과 시간을 보내며, 건강하고 재미있게 사는 것이 필요했다.

여기까지 생각하니 처음 시작한 루틴들이 다르게 보였다. 이미 하고 있는 것, 그리고 지금 할 수 있는 것을 하나하나 떠올렸음에도 불구하고 나름의 방향성이 있었던 것이다. 출근 직전에 향수 뿌리고 내게 미소 짓기, 하루 하나 나를 위한 행동하기 루틴은 소소한 행복을 느끼며 자신을 챙기는 활동이었고, 출근길 10분 독서, 주말에 성장 시간 가지기, 매일 업무 일기 쓰고 주말에 회고하기 등은 회사의 대표로서 유능하게 일하는 것과 관련이 있다. 비타민 챙겨 먹기, 주 2회 운동하기 등 건강과 체력을 위한 루틴은 두 가지 목표 모두와 연결되어 있다.

루틴의 구체적인 방향성을 확인하고 나니 목표를 위한

루틴을 본격적으로 추가하고 싶었다. 루틴을 통해 삶의 목표가 명확해지니, 어떤 부분을 보완해야 할지 보였기 때문이다. 앞으로도 상황에 맞게 꾸준히 다듬겠지만 그 결과 현재 내가 실천하고 있는 루틴은 다음과 같다.

주제	주요 목표	실천하는 루틴
건강	좋아하는 일을 오랫동안 잘할 수 있는 체력 + 아프지 않기	① 공복에 물 한 잔 ② 유산균, 비타민 챙겨 먹기 ③ 양배추즙 챙겨 먹기 ④ 공복에 커피 금지 ⑤ 루틴 보면서 목 스트레칭 ⑥ 두 끼 단백질 포함 식사 ⑦ 퇴근 후 계단으로 집에 올라가기(11층)
매력	건강하고 예쁜 몸	① 화장실 갈 때마다 스트레칭 ② 씻고 나서 콜라겐 챙겨 먹기 ③ 자기 전 L자 다리 ④ 하루 한 끼 가벼운 식사 　　(기본 주 3회, 술 마신 다음 날은 반드시!)
셀프 케어	감정 관리 + 자아 성찰 + 소소한 행복	① 컨디션 체크(기상/아침/점심/오후/저녁/밤) ② 오늘의 플레이리스트 선곡 ③ 좋아하는 향수 뿌리고 미소 짓기 ④ 오늘 나를 위한 행동 하나 ⑤ 마음에 드는 캔들워머 골라서 향멍 ⑥ 하루 돌아보며 일기 쓰기 ⑦ (주말 하루 오전) 침대에서 마음껏 늘어지기 ⑧ 주말 미타임(Me-time)
커리어/ 성장	필요한 분야 성장 + 영감 얻기	① 출근길 10분 독서 ② (주말 중 하루) 2시간 성장 시간 갖기 ③ (한 달에 두 번) 영감 주는 사람 만나기 ④ (L자 다리 하며) 뉴스레터 읽기 ⑤ 그때그때 필요한 루틴

생활/ 생산성	중요한 일 잘 해내기 + 필요한 일 놓치지 않 기 + 팀 매니징 + 원하 는 활동을 할 수 있을 정도의 깔끔한 환경	① 출근 후 책상 정리하기 ② 커피 내리기 ③ 오늘의 주요 업무 정리 ④ 한 주 업무 계획하기 ⑤ 매일 2시간 집중 타임 ⑥ 오늘의 중요 업무 클리어 ⑦ 샤워하면서 생각 정리 ⑧ 콜라겐 먹고 하루 세 가지 방 정리 ⑨ 정기 리더 위클리 1on1
관계	좋아하는 사람과 시간 보내기	① 매달 첫 주 일요일 엄마와 식사 ② 두 달에 한 번 가족 식사 ③ 주 1회 에너지 채워주는 사람 만나기

각각의 목표와 루틴이 한 방향으로 연결된 게 보이는가?
아무것도 모르고 봤을 때는 비타민을 챙겨 먹는구나, 샤워
하기 전에 음악을 고르는구나, 출근길에 책을 읽는구나 하
지만 이 루틴을 통해 꾸준히 건강을 유지하고, 매일 나를
챙기고, 계속 성장하는 중이다. 그리고 이 루틴이 내가 원
하는 삶으로 나를 이끈다. 이처럼 루틴을 통해 지켜가는 모
든 활동이 나를 챙기며 내가 원하는 삶을 살아가기 위한 연
장선이기에, 루틴을 실천하는 순간순간 조금 더 목표와 가
까워진다.

물론 모든 루틴을 평생 목표와 연결해야만 하는 것은 아
니다. 삶의 순간순간 필요한 단기 목표를 반영하는 것만으

로도 충분히 좋은 루틴을 만들 수 있다. 하지만 나는 삶의 가치, 삶의 목표와 연결된 루틴이 포함되어 있을 때 하루 루틴이 '내 것'이라 느낀다. 루틴을 잘하는 유저들을 인터뷰했을 때도 비슷한 말을 듣게 되는 걸 보면, 나만의 생각은 아닌 듯하다. 삶의 단기 목표는 계속 생기고 사라지지만 장기 목표는 쉽게 변하지 않는다. 그래서 장기 목표와 관련된 루틴은 오래 남아 루틴의 뼈대가 된다.

사실 평생 목표와 연결된 루틴은 지루해지기 쉽다. 하지만 나는 루틴이 지루해지는 게 오히려 반갑다. 지루함은 익숙하고 편안한 것에서만 느끼는 감각이다. 그만큼 내 삶의 중요한 가치와 연결해둔 루틴이 익숙하고 당연해졌다는 의미니까. 그러다 보면 어느 순간, 숨 쉴 때 생각하지 않듯 '지루하다'는 기분조차 들지 않는 삶의 당연한 조각이 된다. 매일매일 지키는 루틴에 삶의 목표가 녹아 있다면 하루 루틴만 지키고 살아도 어느덧 원하는 삶을 살고 있지 않을까. 루틴은 삶의 가치를 투영하고 원하는 목표를 이루는 가장 쉽고 가장 강력한 방법이다.

" 우리 삶의 주요 과제는 단순하다.
스스로 통제할 수 있는 선택과
통제할 수 없는 외부 요인을
명확히 정의하고 그 둘을 분리하는 것.
인생을 충만하게 만드는 것들은
외부 요인에서 찾을 수 없다.
오로지 통제하고 변화시킬 수 있는
나 자신의 선택 안에서 찾을 수 있다. "

에픽테토스

나는 하루 5분만
바꾸기로 했다

루틴 세트
유지하기

끝까지 지속하는
힘의 비밀은
의지가 아닌
방법에 있다

루틴의 핵심은 요즘 내가 잘 지내도록 돕는 것이다. 루틴 관리 자체가 목표가 아닌, 루틴을 통해 잘 사는 것이 목표다. "상황이 힘들어지면 강인한 사람은 더 자비로워진다"는 말이 있다. 내가 허우적거리고 있는 것 같아도 조금씩 나아지는 과정이니, 그 순간 내 속도에 맞게 루틴을 조절해보자. 내가 조금 더 힘을 낼 수 있는 활동을 추가하면 좋다. 지금 나에게 필요한 건 그런 활동들일 테니까.

1

루틴력을
기르는 법

매일 루틴을 실천한 지 1,000일, 처음 루틴을 시작할 때는 상상하지 못했던 숫자가 보이니 감회가 새롭고 뿌듯하다. 한편으로는 생각했던 것보다 쉽게 1,000일에 도달했다는 느낌도 든다. 작심삼일을 거듭하던 내가 어떻게 매일 루틴을 실천할 수 있었을까?

4단계 루틴 세트 유지하기

1) 무조건 쉬운 것으로 시작하기

유명한 행동심리학자 BJ 포그Brian Jeffrey Fogg 박사의
FBMFogg Behavior Model 이론에 따르면 사람의 행동은 세
가지 요소에 의해 일어난다. 계기, 동기 그리고 능력. 다시
말해 어떤 행동을 해야 한다는 걸 기억해내고, 그 행동을
하고자 하는 동기가 있고, 그 행동을 할 수 있는 능력이 있
다면 행동하게 되는 것이다. 혹은 그 행동이 할 수 있을 만
큼 충분히 쉽다면 행동하게 되는 것이다.

정말 쉽고 하고 싶은 행동이라도 그 행동을 잊어버리면
할 수 없다. 대부분의 사람이 영양제를 챙겨 먹지 못하는
이유가 계기의 부족이다. 이는 알람 하나만 맞추면 바로 행
동할 수 있게 된다. '헬스장에서 1시간 운동하기'처럼 어려
운 행동은 다르다. 어려운 행동은 동기가 커야만 할 수 있
다. 무언가를 시작하는 첫날에는 누구나 의욕이 충만하다.
마이루틴의 수행률도 월초에 더 좋다. 하지만 시간이 갈수
록 능력이나 행동의 난이도는 그대로인데 동기는 줄어들기
때문에 행동을 실행하기가 힘들다.

끝까지 지속하는 힘의 비밀은 의지가 아닌 방법에 있다

하지만 해야 하는 행동이 아주 쉽다면 어떨까? 이때는 동기가 좀 떨어져도 할 수 있다. 행동을 실행할 능력이 충분하기 때문이다. 루틴 역시 하나의 행동이기에 계기를 만들어 잊지 않게 하거나, 동기를 채우거나, 행동을 쉽게 만들면 된다.

조금 더 자세히 설명하면, 처음에는 적절한 계기를 만들어서 루틴을 잊지 않게 하고, 나중에는 굳이 기억할 필요 없을 만큼 당연한 일이 되게 한다. 동기를 얻기 위해 하고 싶은 마음을 계속 채워주거나, 하기 싫은 마음을 덜어낼 수 있어야 한다. 마지막으로 의지가 적어도 할 수 있을 만큼 루틴을 쉽게 만들거나, 하고 싶은 루틴을 실천할 수 있을 만큼 루틴력을 길러야 한다. 루틴력을 기르는 건 장기 프로젝트에 가깝다.

이제 원리를 알았으니 당장 실천할 수 있는 루틴 팁을 알아보자. 각각의 방법은 계기, 동기, 능력 중 하나 이상에 도움이 되니 상황에 따라 적절히 활용하면 된다. 물론, 모두 활용하면 가장 좋다.

2

실천의 시작,
루틴을 기억하는 법

당신은 자신의 루틴을 기억하는가? '내가 만들었는데 당연하지'라고 생각하겠지만 의외로 많은 사람이 자신의 루틴을 잘 기억하지 못한다. 루틴을 만들고 너무너무 설레서 두근거리며 잠드는 사람을 제외하면, 처음 시작하는 사람들은 거의 그렇다. 마이루틴 유저를 대상으로 설문을 했을 때도 루틴을 만들고 시작하지 못하는 가장 큰 이유가 바로 '잊어버려서'였다. 따라서 루틴을 시작한다면 일단 잊지 않

끝까지 지속하는 힘의 비밀은 의지가 아닌 방법에 있다

기만 해도 반은 성공했다고 할 수 있다. 그렇다면 루틴을 잊지 않는 가장 좋은 방법은 뭘까?

1) 눈에 띄게 하기

루틴을 잊지 않기 위해 '계기'가 필요하다고 말하면 거창하게 생각하겠지만, 계기는 아주 단순하다. 그냥 떠올리게 하면 되기 때문이다. 그리고 루틴을 떠올리기에 가장 좋은 방법은 눈에 보이는 것이다. 한때 나는 영양제 먹기 루틴이 가장 어려웠다. 영양제를 챙겨야 한다는 의지가 약하기도 했지만, 사실 영양제 먹기는 의지가 필요 없을 정도로 쉬운 일이다. 그럼에도 불구하고 자꾸 잊어버렸다. 비타민 먹어야지 하면서도 금방 잊어버렸고, 잊어버리는 날이 늘어나다 보니 먹어야 한다는 약한 의지마저도 사라지곤 했다.

체력과 건강을 위해 영양제를 제대로 챙기기로 결심한 뒤 제일 먼저 한 행동은 영양제를 침대 옆 책장에 올려둔 것이었다. 책장은 잠에서 깨면 가장 먼저 시선이 가는 곳이었기에 그 자리에 영양제를 두는 순간 절대 잊을 수가 없었다. 게다가 아침에 물 마시기 루틴과도 자연스럽게 이어졌다.

새로운 루틴을 시작하기로 했다면 그 루틴을 눈에 띄게 만들어야 한다. 나 자신에게 미소를 짓고 싶다면 매일 보는 거울에 작은 포스트잇을 붙여두는 게 좋고, 집에서 홈 트레이닝을 하고 싶다면 운동복이나 매트를 눈에 잘 띄는 곳에 두는 게 도움이 된다. 루틴 앱이나 다이어리, 혹은 핸드폰 화면처럼 자주 보는 곳에 기록하는 것도 방법이다. 마이루틴 유저들도 위젯을 설치해 핸드폰 화면에서 루틴을 바로 확인할 수 있었던 분들이 훨씬 빠르게 습관을 잡아가곤 한다.

내가 일상을 살아가며 자주 볼 수밖에 없는 곳에 하고 싶은 루틴을 위한 트리거를 마련하자. 최소한 잊어버려서 하지 못하는 일은 사라질 것이다.

2) 루틴 알람 맞추기

루틴을 잊지 않는 두 번째 방법은 바로 알람이다. 너무 당연한 방법이지만 행동으로 옮기지 않는 사람들이 꽤 많다. 너무 간단해서일 수도 있고 자신이 기억할 거라 믿어서

일 수도 있고 알람을 맞춰도 행동으로 옮기지 않으면 그만이라고 생각해서일 수도 있다. 어떤 경우든 나를 위한 트리거를 만들어두면 내가 행동할 수 있게 돕는다.

알람은 그 자체로 현실적인 루틴을 짜는 데 도움이 된다. 알람을 맞추려면 필연적으로 이 알람을 언제 받아야 가장 실천하기 좋은지 생각하게 되기 때문이다. 그러니 간단한 일이라도 꼭 실천할 수 있도록 알람을 맞춰보자. 시끄러운 알람이 아니어도 괜찮다. 핸드폰 푸시 메시지처럼 알람이 눈에 띄기만 하면 된다. 물론 시간이 중요한 일이거나 자꾸 잊어버린다면 소리나 진동이 있는 알람이 좋다. 힘들거나 난이도가 있는 루틴이라면 알람 메시지에 미래의 자신에게 보내는 응원의 메시지도 한 줄 기록해보자. 보다 의욕적으로, 보다 즐겁게 루틴을 실천할 수 있다.

3) 루틴을 시간이 아닌 상황과 연결하기

루틴을 잊지 않는 세 번째 방법은 루틴을 상황과 연결하는 것이다. 사람들은 보통 몇 시에 무엇을 하겠다고 정하는데 이보다 상황을 정해두는 것이 훨씬 도움이 된다.

시간은 시계를 보기 전까지는 트리거가 되지 않지만, 상황은 의도하지 않아도 자연스럽게 발생해 트리거가 되기 때문이다. 그래서 떠올리기도 쉽고 반복하기도 쉽다. 상황과 행동이 결합하면 그 상황에서 그 행동을 하는 것이 더욱 쉬워진다.

나는 꾸준히 스트레칭을 하고 싶었는데 하루 세 번 스트레칭하거나, 2시간에 한 번 스트레칭하기는 지키기가 어려웠다. 한 번 정도는 기억했지만 쭉 잊어버렸고 밤에 떠올리는 일이 잦았다. 그래서 이 루틴을 기억하기 위해 '화장실에 가면' 스트레칭을 하기로 했다. 화장실은 내가 의도하지 않아도 하루에 몇 번은 무조건 가는 곳이고, 그때마다 스트레칭을 한다면 원하는 만큼 충분히 스트레칭을 하게 되기 때문이다. 게다가 화장실이라는 장소는 다양한 동작으로 편하게 스트레칭하기에도 좋았다.

그 외 바른 자세로 앉기, 목 스트레칭하기, 다리 꼬지 않기처럼 수시로 해야 하는데, 잊기 쉬운 루틴을 할 때도 상황과 연결하기 노하우가 도움이 된다. 나는 마이루틴으로 루틴을 관리하는데 아예 루틴 목록에 이 활동들을 넣어두고 루틴을 하도록 만들었다. 다른 루틴을 체크하기 위해 마이루틴에 들어갔다가 자세를 바르게 하고, 목 스트레칭하고, 다리를 꼬고 있지는 않은지 체크하게 된 것이다. 수시로 해야 하는 활동이기에 알람을 맞추기는 부담스럽지만, 마이루틴을 볼 때마다 하기로 정해두면 하루에 서너 번은 할 수 있었다. 이런 시도가 쌓이면 바른 자세를 취하는 게 좀 더 쉬워진다.

그러니 어떤 루틴을 시작한다면 시간보다는 상황과 연결해보자. 특히 잠에서 깼을 때, 집을 나설 때, 양치할 때처럼 의식하지 않아도 매일 발생하는 상황과 연결하면 더 잘 지킬 수 있다. 그중에서도 내가 해당 루틴을 하기에 유리한 상황으로 정하면 더 좋다.

4단계 루틴 세트 유지하기

3

생각보다 강력한
기록의 힘

·
·

    많은 사람이 기록의 힘을 과소평가한다. 루틴 또한 마찬가지다. 루틴을 시작할 때는 이렇게 간단한 루틴을 굳이 기록해야 하나 싶어서, 계속 실천했을 때는 기록하지 않아도 잊지 않고 잘할 것 같아서 기록을 망설인다. 하지만 루틴을 기록하는 것에는 단순히 루틴을 기억하는 것 외에도 행동을 지속하게 하는 힘이 있다.

끝까지 지속하는 힘의 비밀은 의지가 아닌 방법에 있다

처음 루틴을 시작한 사람에게 기록은 그 자체로 보상이 되어 동기를 부여한다. 어렸을 때, 착한 행동을 하면 받았던 스티커처럼, 루틴을 달성했다고 칭찬하는 활동이기 때문이다. 이는 습관심리학에서도 검증된 사실이다. 습관을 달성한 뒤 성공했다고 표시할 때 도파민이 분비되고, 그 도파민이 보상이 되어 계속 행동하게 만든다. 실제로 습관을 형성하는 데 중요한 루프가 계기-행동-보상-재행동이다. 마이루틴 유저들도 귀여운 이모지로 달성 표시를 하고 싶어서 루틴을 더 열심히 하게 된다고 이야기한다.

게다가 기록이 쌓이는 것은 또 다른 의미가 있다. 내가 어떤 활동을 꾸준히 잘하고 있다는 게 시각적으로 보이기 때문이다. 이 성공 기억을 모아보는 것만으로 뿌듯함은 배가되고, 나는 행동할 수 있는 사람이라는 자신감이 올라간다. 당연히 다른 활동에 도전하고 지속하는 것도 쉬워진다. 조금 더 깊게 들어가면, 어떤 행동을 꾸준히 달성한 기록은 '나는 어떤 사람'이라는 자아상을 형성하는 데 도움이 된다. 다시 말해 매일 10분씩 책을 읽었다는 기록이 쌓이면 그 자체로 꾸준히 성장하는 사람이라는 증거가 되고, 매일 운동한 기록이 쌓이면 건강하고 활력 있는 사람이라는 증거가 된다. 루틴을 실천하는 것이 원하는 내 모습을 만드는 가장 좋은 방법이라는 말이 괜히 있는 게 아니다.

사람은 자신의 자아상과 연결된 활동을 더 적은 에너지로 더 쉽게 실천한다. 이 자아상은 내가 하던 활동을 꾸준히 하는 것을, 그 활동과 연결된 다른 좋은 활동을 시작하는 것을 돕는다. 사람은 생각보다 단순해서 눈에 띄지 않으면 잘 인지하지 못한다. 그러니 내가 어떤 행동을 하고 있다는 걸 확인하기 위해서는 하루하루 쌓이는 기록을 눈으로 보고, 뿌듯해하는 시간이 꼭 필요하다.

모든 발전은 회고를 바탕으로 이루어지고, 좋은 회고는 정확한 기록을 바탕으로 이루어진다. 사람의 기억은 정확하지 않다. 이번 주에 다섯 번은 지킨 것 같다고 생각하고 기록을 보면 두세 번 정도 체크했을 수 있다. 일주일 정도 쉰 것 같은데 하고 보면 2주 정도 비워져 있을 수 있다. 반대로 이번 주에는 거의 못 했다고 생각했는데 한두 번 빼고 다 실행한 경우도 있다. 우리는 종종 과거를 미화하거나 비관하기에, 꾸준히 잘하기 위해서는 반드시 기록이 필요하다. 루틴을 일주일에 한 번 달성했을 때와 네 번 달성했을 때 우리가 해야 할 행동은 완전히 다르다. 그러니 조금 귀찮더라도 루틴을 실행했다면 꼭 기록해보자. 잘했다면 잘한 대로, 못했다면 못한 대로 힘이 되어줄 것이다.

2) 기록의 효과를 2배로 늘리는 5가지 팁

매일매일 기록하기

기록의 생명은 성취감과 정확함이다. 루틴을 하고 기록을 하며 성취감을 경험해야 하고, 돌이켜 봤을 때 좋은 회고를 할 수 있을 만큼 정확해야 한다. 따라서 루틴 초보라면 루틴을 달성한 뒤 거의 바로, 익숙해지면 아침에 한 번, 저녁에 한 번 정도로 나눠서 기록하거나 '뼈대 루틴이 포함된 세트'가 끝났을 때 기록하는 걸 추천한다. 익숙해진 뒤에도 하루에 한 번은 꼭 기록하자. 그래야 성취감과 정확함을 모두 지킬 수 있고, 나도 모르는 사이에 잊어버리는 일이 없도록 막을 수 있다.

손으로 쓰기보다 루틴 앱을 활용하기

계속 말했듯 사람들은 쉬운 행동을 훨씬 잘한다. 그러나 루틴을 기록하는 건 꽤 번거로운 일이다. 종이 다이어리에 루틴 하나하나를 나열하고, 매일 했는지 안 했는지 체크하는 거라면 더더욱 그렇다. 엑셀 등 포맷을 만들어 기록하더라도 마찬가지다. 포맷을 새로 만들어야 한다면 그 행동이 번거로워 루틴 기록을 놓치기 쉽다.

게다가 루틴을 추가하거나 수정하는 것도 번거롭다. 루틴 관리를 시작했다면 전용 루틴 앱을 활용하는 걸 추천한다. 우리의 의지는 한정적이다. 한정된 의지는 루틴 실천에만 쓰기에도 부족하다. 기록에 집착해 나의 의지까지 시험하지는 말자. 단, 다이어리 꾸미기나 플래너 만들기를 좋아해서 그 활동 자체가 행복한 사람이라면 이 팁은 지나가도 된다. 그런 이들에게는 의지가 들어가는 일이 아닌 놀거리니까.

더 기분 좋게 기록하기

이왕이면 루틴 기록을 기분 좋은 활동으로 만들자. 좋아하는 일, 기분 좋은 일은 어려워도 잘 할 수 있다. 그렇기에 루틴을 체크하고 기록할 때도 이 활동을 즐겁게 만들어주면 좋다. 마이루틴 앱에서는 루틴을 달성하면 직접 고른 귀여운 이모지로 체크하게 하는데, 이는 루틴 기록 자체를 즐겁게 만드는 기능이다. 내가 고른 귀여운 이모지로 루틴 달성을 체크하는 것, 달성할 때마다 아기자기하게 채워진 이모지를 보는 건 그 자체로 기분 좋은 일이니까.

다이어리나 플래너를 쓴다면 좋아하는 펜으로 체크하거나, 좋아하는 색깔로 표시하거나, 좋아하는 스티커를 붙이는 것이 비슷한 즐거움을 줄 수 있다. 달성했을 때 나에게 간단한 칭찬 혹은 달성 소감을 적거나, SNS에 올려 자랑하는 것도 루틴 기록을 뿌듯하고 기분 좋게 만드는 방법이다. 어떤 방법이든 좋다. 내게 맞는 방법으로 루틴 기록을 즐겁고 재밌게 만들어보자. 그럴수록 루틴 기록도, 루틴을 단단하게 만드는 것도 쉬워질 것이다.

루틴을 하지 못했을 때는 비워두기

기록을 하며 흔히 하는 실수가 루틴을 하지 못했을 때 × 표시를 하는 것이다. 하지만 실패를 기록하는 것은 실패 감을 곱씹게 만들 뿐이다. 그리고 실패를 기록하고 곱씹을 수록 행동을 지속하는 것은 더 어려워진다. 나중에 봤을 때 실패한 기록만 눈에 들어오니 '나는 할 수 없는 사람'이라고까지 생각할 위험도 높다. 기록의 효과를 누리기 위해서 하지 않았을 때는 굳이 × 표시를 하지 말고 비워두는 것을 추천한다. 달성한 것은 달성했다는 표시를 하되, 달성하지 못했을 때는 그냥 비워두어야 성취감은 더 크게, 좌절감은 더 작게 느껴 루틴을 지속하게 되기 때문이다.

스스로에게 높은 기준을 가지고 있는 사람들은 실패도 꼼꼼하게 기록해야 한다고 믿는다. 하지만 비워두는 것 자체로 안 했다는 표시인데 굳이 내 손으로 기록하며 한 번 더 쓸쓸해해야 할까? 실패를 기록하고 안 하고는 작은 행동이지만, 무척 다르다. 그러니 루틴을 하지 못한 날이라면 그냥 빈칸으로 두고 다음 날을 채워보자. 덜 자책하고 더 뿌듯해하며 더 오래할 수 있을 것이다.

루틴 달성 기록 모으기

카페에서 방문 도장 쿠폰을 받은 적이 있을 것이다. 놀랍게도 쿠폰에 도장이 두 개 찍혀 있을 때와 그렇지 않을 때, 열 개를 다 찍는 비율이 15퍼센트나 차이 난다고 한다. 아무것도 찍혀 있지 않을 때가 19퍼센트, 두 개 찍혀 있을 때가 34퍼센트인데 거의 두 배나 차이가 나는 것이다. 이처럼 사람은 조금이라도 달성되어 있으면 더 잘 이어가고자 하는 힘이 생긴다. 오늘 루틴을 달성할 때도, 이번주 루틴을 실천할 때도 이미 달성한 기록을 확인해보자. 일요일,

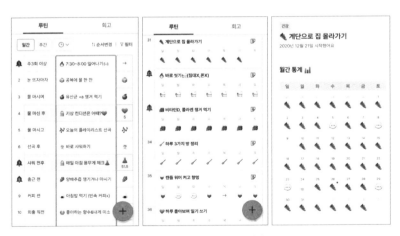

실제 나의 하루, 한 주, 한 달 루틴 이미지. 보기만 해도 뿌듯하다.

222

월요일 루틴을 수행하고 그걸 보는 것만으로 화수목금토 루틴이 수월해진다. 덧붙여 일주일에 한 번, 한 달에 한 번 정도는 루틴을 모아서 확인해보는 걸 추천한다. 잘하면 잘하는 대로 뿌듯하고 못하면 못하는 대로 의지를 다잡거나 더 잘할 수 있는 해결책을 고민해볼 수 있으니까.

4

성취를 부르는 환경
조성하기

사람들은 루틴을 실천하지 못하면 보통 스스로를 탓한다. '내가 의지가 없어서 그래.' 그리고 결심한다. '다음에는 잘해야지. 의지를 발휘하겠어.' 하지만 안타깝게도 의지는 발휘하고 싶다고 다 발휘되는 친구가 아니다. 심지어 한정적이다. 오늘 하루 눈 떠서 해야 하는 일이 운동 하나라면 이 루틴 지키는 건 그렇게 어렵지 않다. 운동에 쓸 의지도 충분히 있다. 하지만 일찍 일어나서 출근하거나 학교에 가야 하고 일을 하고 수업을 들어야 한다면 어떨까? 꼭 해야 하는 일에 의지를 쓰고 나면, 루틴 관리에 쓸 의지는 남아 있지도 않다. 어쩌다 여유로운 날이라 의지를 발휘한다 해도, 다음 날도 그러리란 보장은 없다.

1) 루틴을 하는 행동을 쉽게 만들기

결국 의지를 탓하는 것은 아무것도 바꾸지 못한다. 안 그래도 고생하는 나에게 타박 한마디 더하는 것에 불과하다. 그럼 포기해야 하나? 그렇지 않다. 우리가 바꿔야 하는 건 의지가 아니다. 전략이다. 그렇다면 적은 의지로 루틴을 실천할 수 있는 가장 좋은 전략은 뭘까?

바로 '쉽게 만들기'다. 여기서 말하는 쉽게 만들기는 쉬운 루틴을 만드는 것과는 다르다. '루틴 자체'를 쉬운 루틴으로 바꾸는 게 아니라, '루틴을 하는 행동'을 쉽게 만드는 것이다. 물론 루틴 자체를 쉽게 바꿀 수도 있지만, 어려워도 해내고 싶은 루틴이 있다. 이 경우에는 어려워도 할 수 있도록 루틴력을 키워야 한다. 루틴력은 어떻게 키울 수 있을까? 환경을 바꾸면 된다.

생각해보자. 매일 퇴근 후에 책을 읽기로 했다. 그런데 퇴근하고 피곤한 몸으로 침대에 쓰러져 '아, 책 읽어야 하는데'라고 생각할 때와 피곤한 몸으로 침대에 쓰러졌는데 옆에 책이 펼쳐져 있을 때 중 언제 더 책을 읽기 쉬울까? 똑같이 '퇴근 후 책 읽기'지만, 행동은 달라진다. 전자는 책을 고르고, 찾고, 펼쳐야 하지만, 후자는 책을 들기만 하면 된다. 무슨 책을 읽을지 고민하거나 읽을 책을 정하고 가져와야 하는 과정이 사라진다. 당연히 훨씬 쉽다. 내 의지가 별로 남아 있지 않아도 옆에 책이 펼쳐져 있을 땐 한 페이지 읽는 게 그렇게 어렵지 않다.

2) 내게 유리한 환경 만들기

안타깝게도 인간은 강하지 않다. 특히 한 번의 강한 시련보다 일상의 자잘한 시련 앞에서 더욱 약하다. 그렇기에 더 강한 사람이 되겠다고 결심하는 것보다 약한 나도 꾸준히 할 수 있도록 내게 유리한 환경을 세팅해야 한다. 하고 싶은 루틴이 있다면 어떻게 해야 더 쉬울지 생각해보자. 환경 세팅도 하나의 기술이라 하면 할수록 더 잘하게 된다.

나는 퇴근 후에 책을 읽고 싶으면 출근 전에 책을 펼쳐 두고 나갔다. 아침에 일어나자마자 물 한 잔을 마시고 싶으면 자기 전에 머리맡에 물을 두었다. 저녁에 씻고 나서 얼굴 마사지를 하고 싶으면 마사지 기계를 화장품 옆에 두거나 침대 바로 옆에 두고 내가 쉽게 행동할 수 있는 환경이 무엇인지 실험해보기도 했다. 계속 핸드폰을 만지작거리면 핸드폰 잠금 어플을 켰고, 아침에 스트레칭을 하고 싶으면 자기 전에 스트레칭 유튜브 영상을 찾아 화면에 띄워두고 잠든다. 이왕이면 누워서 시작하는 영상으로. 아침에 일어나 재생 버튼만 누르면 시작할 수 있고, 첫 동작이 누워서 하는 동작이라 내가 쉽게 따라 할 테니까.

3) 징검다리 전략 세우기

보다 어려운 루틴도 마찬가지다. 어떤 루틴이든 조금이라도 쉬워야 조금이라도 할 가능성이 커진다. 어려운 루틴은 목적지까지 가는 작은 징검다리를 둔다고 생각해보자. 내가 잘 따라갈 수 있게, 살금살금 유혹하는 것이다. 예를 들어 1시간 운동을 해야 한다면, 운동복 입기, 매트 펴기를

끝까지 지속하는 힘의 비밀은 의지가 아닌 방법에 있다

각각의 루틴으로 만든다. 운동복만 입어도, 매트만 펼쳐도 루틴 하나는 달성하는 것이다. 비슷하게 산책이 목표라면 운동화 신기나 집 밖으로 나가기를 하나의 루틴으로 만든다. 마찬가지로 책을 읽고 싶다면 책을 펴는 것을, 주식으로 돈을 벌고 싶다면 주식 앱을 켜는 것을 하나의 루틴으로 만든다.

단, 징검다리 전략에서 중요한 점은 징검다리만 건너도 스스로를 칭찬해줄 수 있어야 한다는 것이다. 운동복은 입었지만 운동은 하지 않은 날에도 선방했다고 생각하자. 몇 번 운동복을 입다 보면 오늘은 진짜 할 수 있겠다 싶은 날이 온다. 생각보다 자주 올 수도 있다. 실제로 운동복조차 입지 않은 날보다 운동복이라도 입은 날이 늘어날 때 운동하는 날도 늘어난다. 책을 펴지도 않은 날보다 책을 한 번이라도 편 날이 늘어날 때 독서하는 날도 늘어난다.

참고로 성공 가능성을 높이려면 징검다리 중 몇 개는 미리 해두는 게 좋다. 예를 들어 운동복은 퇴근하고 입더라도 매트는 출근 전에 펴두는 것이다. 매트만 깔려 있어도, 운동복을 입었을 때 운동할 가능성이 높아진다. 운동복을 입는 것 자체도 쉬워진다. 그러니 의지가 샘솟는 날에는 환경을 세팅하자. 의지는 오늘 하루 실천이 아닌, 지속적인 실천을 위한 환경 세팅에 쓸 때 제일 가성비가 좋다.

5

루틴 실천의 숨은 적,
완벽주의 탈출하기

　루틴 관리를 하다 보면 루틴을 꾸준히 이어가는 걸 어려워하는 의외의 사람들이 있다. 바로 완벽주의가 있는 사람들이다. 이들은 루틴을 시작할 때 계획도 잘 짜고, 실천도 잘한다. 계획한 모든 루틴을 잘 지켜서 나도 때때로 감탄하곤 한다. 문제는 사람이다 보니 매일 모든 루틴을 다 지킬 수 없는 것. 이때 완벽주의자의 약점이 드러난다. 루틴을 한 번 못 지키면 그날 루틴 관리를 다 놔버리거나, 하루를 망쳤다면 그 주를 포기해버린다. 그리고 이런 일이 몇 번 쌓이면 좌절감을 견디지 못하고 루틴 관리 자체를 포기한다. 처음에는 잘하던 사람들이 소리 소문 없이 사라져 인터뷰를 해보면 열 명 중 여덟 명은 이런 문제를 겪고 있었다.

1) 완벽주의 직시하기

기본적으로 완벽주의가 높을수록 루틴을 다 지키고 싶어 한다. 무언가를 잘 해내고 싶은 마음도, 스스로에 대한 기대도 크기 때문이다. 실패했을 때는 다른 사람보다 좌절감을 크게 느끼고, 잘했을 때는 뿌듯함을 훨씬 적게 느낀다. 안타까운 점은 이러한 특성이 원하는 걸 얻어내는 데 방해가 된다는 것이다. 얼핏 보면 도움이 될 것 같기도 하다. 잘 해내고 싶은 마음과 스스로에 대한 높은 기대는 무언가를 얻어내는 동력이 되기도 하니까. 이건 그다지 어렵지 않은 일에 한해서다. 성취감은 적게, 좌절감은 크게 느끼는 만큼 제대로 성취하지 못하면 아예 회피할 가능성이 높다. 어려운 목표는 대부분 완벽하기 해내기 어렵기 때문에, 진짜 원하는 목표는 오히려 시도조차 하지 않거나, 시

끝까지 지속하는 힘의 비밀은 의지가 아닌 방법에 있다

도해도 빠르게 포기할 가능성이 높다.

만약 자신에게 완벽주의 기질이 있다면 원하는 걸 달성하는 데 도움이 되는지 고민해봐야 한다. "내가 모든 루틴을 매일 지키고 싶어 하는 마음이 루틴을 달성하는 데 도움이 될까? 오히려 루틴 관리 자체를 막아버리고 있진 않나?" 생각해보니 이 마음이 좋은 행동을 방해하고 있다면 조금만 덜어내자. 매일 모든 루틴을 다 지키는 것은 불가능하다는 것, 완벽히 실천하지 않아도 가치 있다는 걸 받아들여야 한다. 몇 번이라도 실천하는 게 아무것도 안 하는 것보다 훨씬 낫다. 그리고 이 마음으로 하루라도 더 실천할수록 좋은 루틴을 실천하는 횟수는 더 늘어난다. 가벼워지면 더 오래, 더 많이 실천할 수 있다.

여기까지 공감했다면, 완벽주의를 덜어낼 수 있는 몇 가지 팁을 알아보자. 생각은 행동에, 행동은 다시 생각에 영향을 미치는 만큼 팁을 따라 하다 보면 완벽주의를 덜어내는 것이 훨씬 쉬워질 것이다.

휴식 기록하기

첫 번째 팁은 루틴을 하지 못한 날을 '휴식'이라고 기록하는 것이다. 우리의 일상은 단조로우면서도 변화무쌍하다. 똑같이 눈을 뜨고 회사나 학교에 가고 밥을 먹고 집에 돌아와 잠을 자지만, 어느 날은 야근이 있고, 어느 날은 약속이 있고, 또 어떤 날은 몸이 아플 수 있다. 이처럼 루틴을 지킬 때는 상상과 다른 일이 종종 펼쳐진다. 그러니 피치 못할 사정으로 루틴을 못 하거나 안 하는 게 더 나을 것 같은 날에는 억지로 하거나 자책하지 말고 쉬었다고 기록하자. 오늘은 사정이 있어 쉬기로 했다는 걸 명확하게 기록하는 게 좋다. 쉬는 걸 기록하는 것만으로 정식으로, 제대로 쉰다는 걸 느낄 수 있다. 다시 말해 합리화가 아닌 어쩔 수 없는 객관적인 상황, 현명하고 합리적인 선택으로 느껴지는 것이다. 당연히 마음도 훨씬 편하고 스트레스도 덜 받는다. 게다가 쉬었다고 기록하는 것은 내가 루틴을 의식하고 있고, 앞으로 꾸준히 이어갈 것이란 걸 스스로에게 보여주는 방법이기도 하다. 잘 쉬는 사람이 실천도 잘한다. 그러니 피치 못하게 루틴을 쉬는 날엔 꼭 '휴식'을 표시하자.

실천 가능한 새로운 기준 만들기

완벽주의를 덜어내는 두 번째 팁은 새로운 기준을 정하는 것이다. 루틴을 모두 지키는 게 목표라는 건 다른 기준이 없기 때문이다. 오히려 뼈대 루틴은 꼭 지킨다든가, 하루 루틴의 80퍼센트는 지킨다든가 등 실천 가능한 기준을 정해두는 게 좋다. 이것만으로도 충분히 만족스럽고 이 이상 해내면 스스로를 칭찬할 수 있는 기준을 잡으면 좋다. 마이루틴 앱을 만들 때도 이 부분을 신경 썼다. 얼마나 잘 달성했는지가 보여야 훨씬 뿌듯한데, 달성률을 숫자로 보여주면 대부분의 사람이 100퍼센트가 아니면 만족감을 느끼지 못할 거란 위기감이 들었기 때문이다. 고민 끝에 마이루틴 앱은 숫자가 아닌 빨강, 노랑, 초록 신호등으로 달성률을 보여준다. 잘한 걸 명확하게 알려주며 성취감을 느끼게 하면서, 지나치게 높은 목표를 설정하지 않도록 한 것이다. 현재 마이루틴의 초록 신호등은 하루 루틴의 60퍼센트 달성이 기준이지만, 많은 사람이 초록 신호등으로 뿌듯함을 느끼며 하루를 마무리한다.

작고 완벽한 목표 세우기

적당한 목표를 세우는 게 어렵다면, 작고 완벽한 목표를 세우는 것도 하나의 방법이다. 나는 루틴 관리의 작고 완벽한 목표로 '뼈대 루틴 무조건 지키기'를 추천한다. 뼈대 루틴은 쉬우면서도 유용한 활동이기에, 이걸 지키는 걸 목표로 삼는 것만으로 보다 나은 하루를 사는 데 도움이 된다. 만약 이 목표가 너무 쉽다면 아주 중요한, 그러면서도 난이도 있는 루틴 하나까지 제대로 지키는 걸 목표로 삼는 것도 좋다. 이 경우에는 루틴을 잘 지키기 위해 환경을 세팅하는 걸 추천한다.

그리고 적당히 달성했다면 달성한 걸로 표시한다. 예를 들어 스쿼트 30개가 목표인데 20개를 했다면 했다고 표시하자. 만약 내 마음이 이를 도저히 허락하지 않는다면 달성 표시를 하고 작게 20개라고 메모해도 좋다. 단언컨대 "30개가 아니면 절대 안 돼"라고 생각할 때보다 "20개만 해도 달성한 거야"라고 생각하고 하루라도 스쿼트를 더 할 것이다. 텅텅 비어 있는 루틴 표보다는 하나라도, 하루라도 채워져 있어야 루틴 표를 더 채우고 싶어지니까. 그리고 내가 실제로 한 스쿼트의 전체 개수도 늘어나니까.

완벽주의가 있는 당신, 세 가지 팁을 잘 활용해보자. 당신이 누구보다 잘하고 싶은 마음이 큰 사람이라는 것을 잘 알고 있다. 기준을 낮추면 제대로 하지 않은 것 같고 대충 산 것 같겠지만, 잘하고 싶은 마음이 큰 당신이 목표를 낮춘다고 절대 대충 살 리가 없다. 잘할 것이다. 그러니 조금만 더 관대해지자. 내가 나에게 관대할 때, 나는 더 많은 걸 해낼 수 있다.

6

잘하다 미끄러졌다, 루태기 극복법

혹시 루틴을 잘 지키다가 요즘은 잘 지키지 못하고 있는가? 요즘은 잘 지키고 있지만 나중에 흐트러질까 봐 걱정이 되는가? 루틴은 오랫동안 지켜야 하는 나와의 약속이다. 잘 달리다가도 얼마든지 루틴 권태기, 즉 루태기가 올 수 있다. 루틴이 지루해질 수도 있고, 너무 바빠서 소홀해질 수도 있고, 루틴이 어떤 역할을 하는지 와닿지 않을 수도 있다. 이 시기를 잘못 보내면 루틴을 꾸준히 실천하는

끝까지 지속하는 힘의 비밀은 의지가 아닌 방법에 있다

게 더 어려워진다. 하지만 연인이 권태기를 극복하면 더 끈 끈해지듯, 루태기 역시 잘 극복하면 더 단단해진다. 루틴을 더 단단하게 만드는 루태기 극복법을 함께 알아보자.

1) 루틴을 실천하고 있지만 지루한 경우

루틴을 잘 지키다가도 문득 지루해질 수 있다. 사람이다 보니 반복되는 활동을 계속하다 보면 어느 순간 익숙해지는 것이다. 루틴을 시작할 때보다 지루해지는 건 당연한 일이라 그 자체로는 큰 문제가 아니지만, 점점 의미를 잃어버리거나 하나둘 빼고 싶어진다면 새로운 자극이 필요하다. 어떻게 루틴에 신선함을 불어넣을 수 있을까?

루틴에 신선함을 불어넣는 가장 좋은 방법은 새로운 루틴을 추가하는 것이다. 루틴이 지루해졌다면 현재 루틴에 흥미를 못 느끼고 있을 가능성이 크니 지금 삶에서 중요하게 여기는 건 무엇인지 돌아보고 이와 관련된 새로운 루틴을 만드는 걸 추천한다. 결국 루틴은 '더 잘 살고 싶은 마음'이 들어갈 수밖에 없기에, 좋은 루틴은 최근의 가치관, 최근의 관심사를 반영하기 마련이다. 잘 떠오르지 않는다면 중요하지만 챙기지 못하는 게 무엇인지를 돌아보거나, 롤 모델의 루틴을 찾아보는 걸 추천한다. 새로운 루틴을 한두 개 추가하는 것만으로 전체 루틴에 대한 흥미가 올라갈 것이다. 반면 아무리 생각해도 새로운 관심사나 목표가 없다면, 이미 가지고 있는 목표를 위한 새로운 루틴을 추가해보자. 평소 건강을 위해 '매일 영양제 먹기'를 하고 있다면, 건강을 위해 할 수 있는 또 다른 루틴을 추가해보는 것이다.

루틴을 늘리는 게 부담스럽다면 기존 루틴을 바꾸거나 대체 루틴을 만드는 걸 추천한다. 창의력을 높이기 위해 '15분 산책하며 생각 정리하기'를 루틴으로 가지고 있었다면, '퇴근할 때 어제와 다른 방법으로 퇴근하기'로 바꾸거나 상황에 따라 둘 중 하나를 선택하는 것을 루틴으로 만들 수 있다. 그 외에도 루틴 난이도를 높이거나 자극을 주고받을 루틴 메이트를 만드는 것도 방법이다.

마지막으로 현재 루틴을 살펴보고 할 이유가 모호하다고 느껴지는 루틴을 지우는 것도 추천한다. 의미는 있지만 익숙해져서 지루한 건지, 아니면 이 루틴의 목적에 더 이상 공감하지 못하는 건지를 고민해본다. 전자라면 일단 이어가면 된다. 자극은 다른 루틴에서 받으면 되니 '이제 이렇게 쉬워졌네'라고 새삼 뿌듯해하면서 이어가자. 반면 목적에 공감이 가지 않는다면 과감히 지워버리는 걸 추천한다. 왜 해야 하는지 와닿지 않는 루틴은 오히려 모든 루틴에 대한 흥미를 떨어뜨릴 수 있기 때문이다. 루틴은 한 번 정하면 평생 가져가야 하는 원칙이 아니라 현재의 나와 일상, 그리고 삶의 지향점을 고려해 맞춰가는 도구라는 걸 기억하자.

2) 루틴을 실천하고는 있지만 버거운 경우

우리의 일상은 계속 바뀐다. 살다 보면 회사 일이 바빠지든 체력이 떨어지든 물리적인 시간과 에너지가 부족한 시기가 있다. 이처럼 시간과 에너지가 부족해서 루틴을 실천하는 게 어렵다면 이 바쁜 일정이 얼마나 오래갈지 예상해보자. 만약 하루, 이틀 정도의 짧은 일정이라면 별다른 대응을 하지 않아도 괜찮다. 일이 끝나고 돌아오면 되니까. 하지만 2주 이상 이어진다면 반드시 지켜야 하는 뼈대 루틴만 남기고 나머지 루틴은 한동안 쉬어가는 걸 추천한다. 바쁘거나 지친 상황에서 루틴을 이어가는 힘은 '핵심을 챙기는 것'과 '자책하지 않는 것'에서 온다. 루틴을 시작했던 때와 상황이 달라졌는데 다 하겠다며 질질 끌다 자책하지 말고, 딱 5분만 루틴을 정리해보자. 루틴을 가볍게 만드는 것만으로 '오늘도 못 했다'는 자책 대신 '그래도 이건 했다', '아무리 바빠도 이 정도는 챙긴다'라는 뿌듯함을 얻을수 있다. 바빠서 정신없을 때 쭉쭉 떨어지는 자기 통제감도지킬 수 있는 건 덤이고.

참고로 괜한 찜찜함이 쌓이지 않게 루틴 목록에서 지워버리는 게 제일 좋지만, 그럴 시간도 없거나 꺼려진다면'이 루틴들만 하고, 나머지는 하지 않겠다'라고 다짐이라도분명히 하는 걸 추천한다. '하기로 했는데 못 한 것'과 '안하기로 결정한 것'은 심리적으로 큰 차이가 있다. 다만 시간이 부족한 게 아니라 에너지가 떨어진 경우라면 개별 루틴의 난이도를 낮추거나, 체력 혹은 멘탈을 위한 루틴만 꾸준히 수행하는 것도 좋은 방법이다.

3) 루틴을 아예 하지 않는 경우

앞의 두 사례는 루태기 초입, 루태기가 왔음에도 루틴을 지속하고 있는 경우다. 만약 루틴을 아예 하지 않은 상태로 시간이 좀 지났다면 어떨까? 의도적으로 휴식을 취한 것이라면, 다시 말해 일주일 쉬고 돌아와야겠다고 결심하고 떠난 상황이라면 돌아와서 원래대로 실천하면 된다. 하지만 루틴 권태기가 길어져서 노력해도 실천하기 어렵다가 아예 놔버린 경우라면? 이 경우에는 뼈대 루틴만 남기고 다른 루틴은 모두 지워버린 후 다시 시작하는 걸 추천한다. 다만 뼈대 루틴이 와닿지 않거나, 이 또한 실천하지 못했다면 아예 개편하는 게 좋다. 가볍고 유연하게, 다시 기본 루틴을 잡아갈 수 있는 단계부터 시작하자. 원래 루틴을 20~30개 하던 사람이라도 마찬가지다. 루틴력은 오래 실천하지 않으면 줄어든다. 20~30개 하던 사람도 다시 시작하려고 하면 과거의 기억은 남아 있어도 몸이 따라주지 않을 것이다. 다시금 뼈대 루틴부터 잡아보자. 내가 왜 루틴을 하려고 했는지, 다시 시작하고 싶은 이유는 무엇인지, 지금 삶에서 중요하게 여기는 건 무엇인지 돌아보면서.

다행히도 한번 루틴을 제대로 했던 사람은 루틴을 다시 쌓아 올리는 속도가 훨씬 빠르다. 피트니스 선수가 운동을 오래 쉬다 다시 시작했을 때 머슬 메모리가 남아 근육을 빠르게 회복하듯, 루틴력 역시 마찬가지다. 시작은 똑같아도 쌓아 올리는 속도는 처음보다 빠를 테니 좌절하거나 조급해하지 말자.

7

루틴으로
인생을 바꾸는 법

.
.

    작은 루틴을 쌓아 하루의 리듬을 만들고 지속적으로 삶의 가치를 쌓아가면 인생이 바뀐다. 지금까지 쭉 그런 이야기들을 해왔다. 하지만 인생을 보다 빨리, 더 크게 바꾸고 싶다면? 루틴은 거대하고 막막한 목표를 이뤄내는 데에도 유용하다. 다만 하루에 실천해야 하는 루틴의 난이도는 훨씬 높아질 것이다.

앞에서 행동을 불러일으키는 건 신호, 능력 그리고 동기라고 했다. 신호는 말 그대로 행동을 잊지 않게 도와주는 것이기에, 이 행동을 해야 한다는 걸 기억한다는 전제하에 행동은 결국 능력과 동기가 이루어낸다. 이때 능력과 동기가 균형점에 있을 수도 있지만 한쪽으로 치우쳐 있을 수도 있다. 다시 말해 눈 감고도 할 수 있을 만큼 쉽거나, 절실하게 하고 싶으면 할 수 있다는 것이다. 원하는 목표가 꽤 난이도가 있다면, 그럼에도 불구하고 절실하다면 결국 능력과 동기를 모두 끌어올리는 수밖에 없다. 목표를 이룰 수 있는 선에서 루틴을 최대한 쉽게 만들고, 그 이후에는 동기를 관리하며 의지를 이어가야 한다. 루틴력을 기르거나 루틴을 쉽게 만드는 법은 앞에서 많이 다뤘으니, 동기 관리를 중심으로 알아보자.

1) 능력과 동기를 동시에 끌어올리자

왜 해야 하는지 알기

의지, 다시 말해 동기를 불태우는 가장 좋은 방법은 목표를 분명하게 하는 것이다. 무엇을, 언제까지, 왜 해낼지를 명확히 하는 것. 이 세 가지가 모두 중요하다. 해내야 하는 것이 무엇인지 모르면 애초에 해낼 수가 없고, 기간이 명확하지 않으면 한없이 미뤄지며, 이유가 명확하지 않으면 동기가 약해졌을 때 되살리지 못하고 포기해버린다. 그렇기에 다소 난이도 높은 루틴을 수행해서라도 삶을 변화시키고 싶다면 해야 하는 이유부터 정하자. 무엇이든 첫 단추가 중요하다.

이유를 정리할 때는 글 외에도 다양한 이미지나 영상, 음성을 함께 활용하는 걸 추천한다. 동기가 분명할수록, 또 강렬하고 생생할수록 계속 유지하는 게 쉽기 때문이다. 목표를 이뤘을 때 얻을 수 있는 모습을 표현한 이미지를 모아 정리하거나, 의지가 불타오르는 지금의 마음을 녹음해두거나, 달성하면 무엇을 얻을 수 있고 달성하지 못하면 무엇을 잃게 되는지 나열하며 영상 편지를 써두는 걸 추천한다. 어느 쪽으로든 이 목표를 이루고 싶은 이유를 명확하게 제시할 수 있으면 좋다.

정확히 무엇을 해야 하는지 알기

목표, 기간, 동기를 정했다면 이제 목표를 위해 무엇을 해야 할지를 정해보자. 목표를 위해 필요한 행동을 나열하고, 그걸 어떤 난이도, 어떤 빈도로 해야 기간 목표를 이룰 수 있을지 정리하면 좋다. 만약 1년을 넘어가는 장기 목표라 감이 오지 않는다면, 1~3개월 이상 실천할 중간 목표를 정한다. 이후 회고를 통해 다음 행동을 정한다. 이렇게 루틴을 정할 때는 목표 자체를 위한 루틴 외에도, 목표를 향한 동기를 유지하기 위한 루틴도 포함시키는 걸 추천한다. 매일 아침 눈 뜨면 목표의 이유를 확인하거나, 목표와 연결된 자기 확언을 하거나, 매일 자신을 응원하고 칭찬하는 루틴을 만드는 것이 그 예다. 다시 한번 말하지만 어려운 루틴을 이어가며 큰 목표를 이루기 위해서는 이를 실천할 수 있을 만큼의 동기가 필요하기 때문이다. 동기 관리가 중요하기 때문이기도 하다. 이 외에도 매일 목표를 손으로 쓰거나, 주위 사람에게 알리는 것도 도움이 된다.

끝까지 지속하는 힘의 비밀은 의지가 아닌 방법에 있다

회고 일정 잡기

목표, 기간, 이유, 루틴이 명확해졌다면 그다음 할 일은 회고 일정을 잡는 것이다. 큰 목표를 이루기 위해서 회고는 필수다. 회고를 해야 현재 내 루틴으로 목표를 이룰 수 있을지, 실제 달성률이 얼마나 되는지를 체크할 수 있기 때문이다. 단순히 난이도가 높은 게 아니라 기간까지 긴 목표라면 최초의 계획이 그다지 정확하지 않을 가능성이 크다. 시작 시점의 나는 목표를 위해 필요한 게 무엇인지, 내 루틴이 얼마나 유용하거나 얼마나 어려운지 모르기 때문이다. 반대로 내가 생각했던 것보다 훨씬 유용하고 훨씬 쉬워서 초과 달성이나 조기 달성이 가능할 수도 있다. 무언가를 더 추가할 수 있기도 하다. 어찌 됐든 처음 시작할 때보다 어느 정도 실천했을 때 더 분명하게 보이는 건 사실이다.

회고를 하면서 이대로 하면 되는지 체크하고, 그게 아니라면 목표를 수정하거나 기간을 수정하거나 루틴을 수정해보자. 만약 목표가 한 달짜리라면 주 단위로, 분기 단위라면 월 단위로, 1년 이상이라면 분기 단위, 가능하면 월 단위로 회고를 하는 것을 추천한다. 중요한 점은 단순히 한 주에 한 번 회고해야지, 한 달에 한 번 회고해야지처럼 막연한 계획이 아니라 날짜와 시간까지 명확하게 정해야 한다. 마치 약속을 잡듯 시간, 장소까지 정해 기록해두는 것이 좋다.

회고할 때 반드시 점검할 것 3가지

회고는 어떤 방식이든 좋지만 세 가지는 반드시 포함시키자. 이 루틴이 실제로 목표 달성에 도움이 되는가, 목표를 이뤄가는 속도는 적절한가, 루틴을 잘 수행하고 있는가.

만약 루틴이 목표를 이루는 데 도움이 되지 않는다면 루틴을 없애야 한다. 만약 루틴이 적절한 속도가 아니라면 목표에 맞게 조정해야 한다. 생각보다 천천히 가도 된다면 루틴 난이도를 낮춰야 된다. 생각보다 잘하고 있다면 달성 일시는 그대로 두고 조기 달성이나 초과 달성을 계획해도 된다. 하지만 지금보다 더 속도를 내야 한다면? 답은 둘 중 하나다. 일정을 바꾸거나, 루틴 난이도를 높인다. 루틴이 도움도 되고 속도도 적당한데 내가 수행하지 못할 때도 마찬가

끝까지 지속하는 힘의 비밀은 의지가 아닌 방법에 있다

지다. 내가 할 수 있는 수준으로 속도를 조절하고 목표 일정을 늘리거나, 현재 할 수 있도록 방법을 찾거나. 결국 환경 세팅을 더 노력하는 수밖에 없다. 어떻게 해야 실천 능력을 높일 수 있을지 고민된다면 [부록 2]의 노하우를 참고하자.

마지막으로 내 루틴이 목표에 도움도 되고, 속도도 적절하고, 잘 수행하고 있다면? 그때는 나를 충분히 칭찬하자. 목표를 이루는 과정에서 동력을 잃지 않으려면 내가 원하는 변화가 가까워지고 있음을 계속 확인하고 감탄하는 시간을 가지는 것이 중요하기 때문이다. 내가 충분히 달성하고 있을 때뿐만 아니라 조금 부족하지만 변화하고 있을 때도 중요하다. 멋진 몸매를 만들고 싶다면 시작할 때와 현재 눈바디나 인바디를 비교하며 내 몸이 어떻게 다듬어지고 있는지, 근육량과 지방량이 얼마나 변했는지 확인하고 기뻐하고 칭찬하자. 경제적 자유를 얻고 싶어서 돈을 모으기로 했다면, 자산이 얼마나 늘어나고 있는지 확인하며 기뻐하고 스스로를 칭찬하자.

그리고 회고 시점에 맞춰 중간 목표와 상을 미리 설정해두자. 달성한 뒤 상을 정하는 것보다, 달성하기 전에 상을 정해두는 게 동기부여의 관점에서 훨씬 효과적이기 때문이다. 미리 상을 떠올리고 기뻐할 수 있도록, 그리고 뿌듯하게 받을 수 있도록 중간 목표와 상도 함께 정해두자. 회사에서 1년 목표를 이루기 위해 분기별 목표를 정하듯, 삶의 목표를 이룰 때도 마일스톤이 필요하다.

루틴을 더 잘하게 만드는
6가지 노하우

1. 기간이나 횟수 정하기

루틴이 지루하다면 한 단어만 붙여보자. '100일'을 붙이는 순간 루틴이 더 매력적으로 변한다. '퇴근 후 책 읽기'보다 '100일간 퇴근 후 책 읽기'가 매력적이다. '하루 한 끼 샐러드'보다 '4주간 하루 한 끼 샐러드'가 매력적이다. 구체적인 기간이나 횟수를 정하는 것만으로 행동의 매력도가 올라간다. 기간이나 횟수가 정해지는 순간 달성했을 때의 성취감이 보장되기 때문이다. 또 해볼 만한 목표로 느껴지기 때문이다. 어떤 루틴을 하기가 유독 귀찮다면 기간이나 횟수를 정해보자. 달성한 뒤 체크할 때는 몇 번째 달성인지도 함께 기록한다. 나 역시 아침 스터디는 100번만 하겠다고 결심했고, 100번을 채우고 그만뒀다. 10번, 30번, 50번 쌓여가는 게 보이면 뿌듯함이 커졌고, 얼마 안 남았다고 생각하니 100번을 지속할 수 있었다. 만약 100번이라는 목표를 설정하지 않았다면 50번도 하지 못하고 그만뒀을 것이다.

2. 공개적으로 실천하기

인간은 사회적 동물이다. 타인의 시선을 신경 쓸 수밖에 없다. 누군가 보고 있거나, 응원을 받거나, 함께한다고 생각하는 것만으로 실천 의지가 올라간다. 마이루틴 앱은 비공개 설정이 가능하지만, 기본적으로는 공개 설정하여 사용하는 앱이다. 어떤 루틴을 하는지, 했는지 안 했는지 다른 사람이 볼 수 있는 것만으로 실천율이 올라가는 걸 확인할

루틴을 더 잘하게 만드는 6가지 노하우

수 있다. '누군가가 볼 수도 있다'는 사실만으로 행동하게 되는 것이다.

　나 역시 이 노하우가 무척 유용했다. 지난 1,000일 동안 루틴 관리를 할 수 있었던 건 마이루티너들이 보고 있을 거라 생각한 게 컸다. 특히 '집에 도착하자마자 씻기'처럼 기초적인데 은근히 귀찮은 루틴을 달성하는 데 많은 도움이 됐다. 집에 가서 바로 씻는 걸 못하는 사람이 되고 싶지 않아서, 혹은 그런 사람이란 걸 알리고 싶지 않아서 하게 된다. 덕분에 아무리 피곤해도 집에 가자마자 씻고 개운하게 눕는 사람이 될 수 있었다. 여전히 집에 가자마자 눕고 싶다는 유혹에 시달리기에, 이 자리를 빌려 마이루틴 대표는 루틴 관리 어떻게 하는지 들여다보고, 응원 메시지도 남겨주는 많은 마이루티너에게 소소한 감사를 전해본다. 덕분에 행복한 저녁을 보내고 있어요.

3. 보상 혹은 벌칙 마련하기

루틴 자체로 동기부여가 잘 안 된다면 더 잘할 수 있도록 보상 혹은 벌칙을 정하는 것도 방법이다. 보상과 벌칙 중 무엇을 정할지는 취향에 따라 고르면 된다. 나는 보상을 선호하고, 보상과 벌칙을 둘 다 마련하는 것도 추천한다.

보상이야말로 취향에 따라, 루틴에 따라 다양하게 설계할 수 있지만 두 가지를 참고하면 좋다. 하나는 루틴 목표와 관련이 있게 설계하는 것. 예를 들어 나는 운동 루틴이나 건강한 식사 루틴을 잘 지켰을 때 옷을 산다. 루틴을 지키면 살 옷을 정해두고 성공하면 구입한다. 벌칙의 느낌을 약간 더한다면, 루틴 성공 횟수를 채우기 전엔 절대 옷을 사지 않는 것이다. 횟수를 채우지 못한다면? 영원히 사지 못한다.

나머지 하나는 내가 행복한 것이다. 예를 들어 아침에 일찍 일어나는 것이 귀찮게 느껴질 때쯤 성공할 때마다 상금을 모아 자주 가기에는 부담스러운, 하지만 맛있는 식당에 가서 마음껏 식사한다. 아예 예약 걸어두고, 메뉴까지 정하며 의지를 불태운다. 비싼 식당을 예약해놨을 때 좋은

루틴을 더 잘하게 만드는 6가지 노하우

점은 노쇼를 할 수 없기에 예약 확정일 전까지 '가도 되겠다'는 예상이 되어야 한다는 것이다. 그렇기에 강제로 마감일이 정해지기도 한다.

4. 같이하기

혼자 이것저것 하는 게 힘들다면 주변 사람의 도움을 받아보자. 친구, 회사 동료, 연인, 가족 다 좋다. 단, 그 사람이 오히려 의욕을 꺾어버리지 않도록, 비슷한 목적이나 목표를 가진 사람이 좋다. 같이하면 서로 동기부여를 해줄 수 있다. 친구는 했다는데 나는 안 하기 쉽지 않고, 모여서 공부하기로 했는데 안 하겠다고 빠지기도 쉽지 않다. 둘 다 성공하면 함께 뿌듯해하며 서로를 칭찬해줄 수도 있다. 외향적인 사람일수록 추천하는 방법이다. 단, 너무 많은 걸 같이하려고 하면 오히려 무거워지니 잘 안 되는 몇 가지 루틴에만 활용하는 걸 추천한다.

5. 준비 루틴 정하기

    어려운 루틴을 수행해야 한다면 준비 루틴을 정하자. 홈 트레이닝을 하기 위해 미리 매트를 펴두거나, 마사지를 하기 위해 괄사에 크림을 바르는 것이 이에 해당한다. 어떤 행동이든 그다음 루틴을 쉽게 할 수 있도록 만들면 된다. 속도를 내려면 일단 시동을 걸어야 하듯, 준비 루틴을 수행하는 것만으로 어려운 루틴이 한결 쉬워진다. 혹시 준비 루틴을 하고 나서도 그만두고 싶다면 딱 1분만 해보자. 1분 뒤에도 하기 싫으면 그만두면 된다. 1분의 힘은 생각보다 크기 때문에 너무 하기 싫어도 열 번에 일고여덟 번은 계속할 수 있을 것이다.

6. 목표를 명확히 하기

    루틴을 오래하다 보면 '이걸 왜 하고 있는지' 잊어버릴 때가 있다. 너무 쉬운 활동이면 억지로라도 하는데, 어려운 활동이면 이럴 때 힘을 잃어버린다. '왜 하는지'를 아는 것, 그리고 자주 들여다보는 것이 중요하다. 루틴이 귀찮아졌다면 왜 시작했는지를 떠올려보자. 루틴의 목표가 여전히 마음에 든다면 목표를 완성했을 때를 상상할 수 있도록 구체화하자. 글로 써도 좋고 이미지화해도 좋다. 반대로 목적이 더 이상 와닿지 않는다면 새롭게 끌리는 목표에 맞게 루틴을 수정하자. 만약 새로운 목표도 없고 기존의 목적도 와닿지 않는다면? 굳이 관성적으로 할 필요는 없다. 루틴을 삭제하고 다른 루틴을 지키는 데 집중하자.

부록 3

마음이 힘들 때
루틴 관리법

우리 모두 인간이기에 누구나 힘든 시기가 있다. 아무리 의욕이 넘치는 사람이라도 가라앉는 시기가 있다. 하지만 우리는 힘든 자신을 받아들이는 걸 어려워한다. 내가 힘든 상태라는 걸 부정하고 '평소처럼' 지내지 못하는 자신을 타박한다. 하지만 힘들 때는 평소처럼 지내는 건 불가능하다. 평소 같지 않은데 어떻게 평소처럼 지내겠는가. 그렇다면 평소 같지 않을 때는 어떻게 루틴을 관리해야 할까?

259

만약 며칠 정도 쉬면 나아진다면, 특히 몸이 피곤한 거라면 쉬는 걸 추천한다. 내가 하고 싶은 루틴이 있다면 그건 하는 게 좋지만, 그게 아니라면 아예 쉬는 게 좋다. 나를 최대한 가볍게 만드는 것이다. 루틴은 결국 잘 살기 위해하는 일인데, 몸이 아프거나 힘들 때 해야 하는 최선은 루틴이 아닐 수 있다. 간혹 완벽주의 성향이 강하거나, 스스로에게 기대가 큰 사람은 아파도 꾸역꾸역 이어가려 하는데 그러지 말자. 루틴은 잘 살기 위해 하는 행동이고, 아플때 가장 잘 사는 법은 쉬는 것이다. 얼른 나아서 다시 시작하는 게 훨씬 낫다.

반면 일주일 이상 이어질 것 같다면, 혹은 마음이 힘들다면? 루틴을 간소화하되 이어가는 걸 추천한다. 일단 많은 에너지가 필요한 루틴은 잠시 쉬어가자. 대신, 적은 에너지로도 할 수 있고, 건강이나 생활 패턴을 형성하는 데 도움을 주는 루틴이라면 꼭 지키자. 마음이 힘들다고 아무것도 안 하는 것은 오히려 자책과 무기력을 불러올 위험이 크다. 최소한의 안전장치라 생각하고, 나를 지키는 루틴은 남기고 지켜보자. 그 자체로 최소한의 생활이 유지되고, 또 작은 성취감이 쌓인다.

　마음이 힘들 때는 마음 관리에 도움이 되는 루틴을 새롭게 만들어보는 것도 추천한다. 감정 일기를 쓰거나, 햇빛을 쬐는 시간을 가지거나, 가벼운 산책 루틴을 추천한다. 명상이나 나에게 칭찬 한마디처럼 간단하면서도 마음의 에너지를 챙길 수 있는 활동도 좋다.

　나도 마음이 힘든 시기에는 마음을 챙길 수 있는 몇 가지 루틴을 추가한다. 스스로에게 솔직하고 싶을 때는 감정 일기 루틴을 추가한다. 일부러 시간을 정해서 쓰기보다 감정이 격할 때 1분, 2분 정도 쓰거나 글이 쭉쭉 써진다 싶으면 10분 정도를 쓴다. 지금 내 감정을 잠깐 들여다보고 쏟아내기에 가깝다. 속이 답답할 때는 산책을 추가한다. 아무 생각 없이 멍하게 걷다가 문득 바람이 느껴질 때, 풀 냄새가 날 때 개운함을 느낀다.

　루틴의 핵심은 내가 잘 지내도록 돕는 것이다. 루틴 관리 자체가 목표가 아니라 루틴을 통해 내가 잘 사는 것이 목표다. "상황이 힘들어지면 강인한 사람은 더 자비로워진다"는 말이 있다. 내가 허우적거리고 있는 것 같아도 조금씩 나아지는 과정이니, 내 속도에 맞게 루틴도 조절해보자. 내가 조금 더 힘을 낼 수 있는 활동을 추가하면 좋다. 지금 나에게 필요한 건 그런 활동들일 테니까.

" 자신을 믿어라.
자신의 능력을 신뢰하라.
겸손하지만 합리적인 자신감 없이는
성공할 수도 행복할 수도 없다. "

노먼 빈센트 필

나다운 삶을 만드는
가장 확실한 방법

루틴과 나: 루티너 옥민송의 마무리하는 글

드디어 이 책의 에필로그를 쓰고 있다니! 출판 계약을 하고 몇 개월 동안 끙끙 앓았던 만큼 감회가 새롭다. 루틴 관리에 대해 사람들과 이야기를 나눌 수 있는 기회가 생긴 것이 감사하고 기쁘면서도, 책 한 권을 쓸 수 있을 만큼의 지식과 이야기를 가지고 있는지 걱정이 컸다. 다행히 글을 쓰면 쓸수록 무슨 말을 해야 하는지, 어떻게 풀어가야 하는지가 보여 무사히 완성할 수 있었다.

이 책은 사람들이 쉽게 루틴을 만들고 꾸준히 지속할 수 있도록 돕는 실용적인 자기 개발서이자, 삶의 위기가 닥쳤을 때 루틴을 통해 극복해냈던 경험을 담은 솔직한 에세이다. 또 한 명의 루티너이자 마이루틴 대표로서 왜 루틴을 실천해야 하는지, 왜 루틴 관리 앱을 만들었는지에 대한 생각을 정리한 책이기도 하다.

하루 5분만 바꾸기로 결심하고 나만의 루틴을 만들어 꾸준히 지킨 1,000일 동안 참 많은 것이 변했다. 무슨 일을 하며 먹고살아야 하나 고민하던 나는 어느새 10년은 하고 싶은 일을 찾은 스타트업 대표가 되었고, 작심삼일을 거듭하며 자괴감에 몸부림치던 나는 어느새 루틴을 꾸준히 실천하며 원하는 하루를 살아가는 사람이 되었다.

물론 루틴이 삶의 모든 문제를 해결해주지는 않는다. 누군가가 말하는 경제적 자유를 얻은 것도 아니다. 하지만 루틴이 삶의 문제를 해결하는 데도, 경제적 자유를 넘어 계속하고 싶은 일을 찾아낸 데도 도움이 된 건 확실하다. 걱정

나다운 삶을 만드는 가장 확실한 방법

하기보다 행동할 수 있어서, 번아웃이 오고 깨닫는 게 아니라 예측할 수 있어서, 원하는 많은 것을 자연스럽게 수행하며 하루하루 작은 성공을 쌓아갈 수 있어서 행복하다. 매일매일 내가 원하는 사람이 되어가고 있음을 느낀다.

앞으로도 내 삶은 계속 변해갈 것을 안다. 나는 신념이 있는 유능한 기업가이고 싶고, 함께 일하고 싶은 리더이자 동료이고 싶고, 좋은 딸이자 누나이고 싶고, 건강하고 행복한 개인이고 싶고, 사랑하는 친구이자 연인이고 싶고, 언젠가는 누군가의 아내이자 엄마가 되고 싶을 수도 있다. 그리고 그 모든 순간 잘 살고 중심을 잘 잡기 위해 노력하겠지. 그러기 위해 계속 루틴을 지켜갈 것이다.

이 책을 읽는 여러분에게도 루틴은 원하는 삶을 만들고, 삶의 중심을 잡게 도와주는 가장 탁월하고 효과적인 방법이 될 거라 생각한다. 루틴을 직접 경험하고 그 효과를 느껴봤으면 좋겠다. 하루 5분만 바꿔보자. 일단 작게 시작하고, 뼈대를 잡고, 하나씩 쌓아가자. 1년 이상 꾸준히 실천하며 변화를 느껴보자. 오래오래 실천하며 작은 루틴이 얼마나 큰 변화를 만들어내는지 함께 이야기할 수 있기를 바란다. 원하는 삶을 만드는 첫걸음은 루틴이다.

나는 철학이 있는 회사, 철학이 있는 사업가를 좋아한다. 그래서 나이키를 좋아한다. 나이키는 1972년 창립한 이후 계속 '도전'이라는 메시지를 전달하고 있다. 지난 50년 동안 도전의 가치는 크게 주목받기도 했고, 도전보다는 안정과 행복에 초점이 맞춰진 적도 있었다. 하지만 어떤 상황에서도 나이키는 도전이라는 가치를 추구하고 세상에 전달해 왔다. 현재의 대세가 무엇이든 자신들의 신념이 담긴 가치를 꾸준히 추구하고 외쳐온 것이다. 세상에 의미 있는 가치를 꾸준히 전달하는 건 정말 멋진 일이기에 이런 기업, 이런 브랜드를 사랑하고 존경한다. 계속 도전하라는 것이든, 최고의 당신을 꿈꾸는 것이든, 모두가 원하는 일을 하는 세상이든 마찬가지다. 나 역시 '사람들이 나다운 삶을 찾고 지속하자'는 비전으로 회사를 운영한다.

물론 사회의 흐름이 어떻든 우리의 가치를 추구하는 게

사업에서 항상 정답은 아니다. 이것이 기업의 성과를 보장하는 것도 아님을, 신념이 모든 건 해결해주지 않음을 알고 있다. 시장이 원하는 제품을 만들고, 이익을 얻을 만큼의 충분한 매출을 내고, 그 이익이 계속 이어지게 하는 것만으로도 사업은 너무나 어렵기에 어쩌면 신념을 가지고 사업을 하는 것은 사치일지도 모른다.

그럼에도 불구하고 나는 신념을 가지고 싶다. 쉽지 않을 걸 알면서도 사업을 시작한 이유이기도 하다. 우리의 가치를 담은 제품을 만들고, 그 가치를 알리면서 사업을 잘하고 싶다. 사람들이 원하는 삶을 살게 하자는 비전은 지난 5년간 한 번도 바뀐 적 없다. 온라인 마음 관리 서비스 마인딩도, 데일리 루틴 관리 앱 마이루틴도 모두 이 가치를 품고 있다.

우리가 추구하는 '나다운 삶'이 세상의 흐름과 맞을 때도, 맞지 않을 때도 있을 것이다. 지금은 사회적으로 주목받는 가치지만, 처음 마인딩을 시작했을 때만 해도 뜬구름 잡는 소리에 가까웠다. 하지만 몇 년 동안 세상의 흐름이 달라졌고, 더 많은 사람이 나다운 삶을 추구하기 시작했다. 이 변화에 우리가 1그램 정도는 기여했을 수도 있고, 아니면 세상이 흘러가면서 그 변화의 덕을 본 걸 수도 있다. 나다운 택시까지 나오는 걸 보면 후자의 가능성이 꽤 큰 것 같긴 하다.

아무튼, 망할 때까지 망할 것 같다는 스타트업 대표로 일하면서 굳이 책을 쓴 이유도 바로 여기에 있다. 우리는 마이루틴을 통해 세상 사람이 보다 나다운 삶을 살 수 있다고 믿는다. 단순히 좋은 제품이 아닌, 세상 사람이 나답게 사는 걸 돕는 제품을 만들고 있다. 앞으로 마이루틴이 어떤 방향으로 진화하든, 그 끝에는 이 가치가 있을 것이다. 한 번쯤은 루틴이 뭔지, 왜 중요한지, 마이루틴을 만들며 무엇을 기대했는지 정리하고 이야기해보고 싶었다. 워낙 큰 작업이라 혼자서는 못 할 것 같았는데, 좋은 제안을 받아 정리할 수 있어 기쁘고 감사하다.

누군가가 오늘 하루를 알차게 보내는 데, 누군가가 자신이 원하는 나다운 삶을 찾고 꾸준히 살아가는 데 이 책이,

나다운 삶을 만드는 가장 확실한 방법

루틴 관리가, 마이루틴이 도움이 되었으면 좋겠다. 책을 마무리하며 "우린 이런 신념이 있어요. 이런 가치를 추구해요"라고 말하고 있지만 신념까지 알아주지 않아도 괜찮다. 우리의 신념을 알아주는 것보다 실제로 누군가의 삶이 변하는 걸 더 가치 있게 생각하니까. 그럼에도 불구하고 글로 적어보는 건, 이걸 알고 나면 루티너들의 자부심이 더 커지지 않을까, 그 덕에 삶의 변화가 더 빨라지지 않을까, 더 나아가 주위 사람들과 함께 변화하지 않을까 싶어서다. 이제 내가 할 일은 끝났으니 잘 닿기를 기도할 뿐이다.

　스스로 인지하든 인지하지 않든 건강하고 행복하고 성장하며, 자신이 원하는 '나다운 삶'을 사는 사람들이 많아졌으면 좋겠다. 그리고 그 변화에 어떤 식으로든 영향을 미칠 수 있다면, 그 변화를 도울 수 있다면 아주아주 행복할 것 같다. 이제 본업으로 돌아가 사람들이 루틴 관리를 통해 나다운 삶을 사는 게 더 쉬워지도록, 마이루틴을 더 좋게 만들고, 많은 이에게 서비스할 수 있어야 하겠다. 더 좋은 제품, 더 좋은 회사 만들어가야지.

끝으로 좋은 제안을 주시고 끝까지 마무리할 수 있게 많이 도와주신 콘택트 이여홍 대표님, 여인영 매니저님, 제안이 들어왔을 때 용기 내서 수락하도록 지지해주고 집필에 집중할 수 있게 도와준 든든한 마이루틴 동료들, 어떤 이야기를 써야 할지 고민할 때 솔직한 의견을 주신 예비 독자분들, 출판 소식을 듣고 진솔한 후기를 잔뜩 남겨주신 마이루티너들, 마지막으로 글쓰기가 힘들 때 맛있는 것을 잔뜩 먹으며 응원해준 소중한 가족, 친구들 모두 고맙습니다. 여러분이 있어서 메시지를 전하는 작가가 되고 싶던 9살 옥민송의 꿈도, 나다운 삶과 루틴의 가치를 널리 알리고 싶은 31살 옥민송의 꿈도 이룰 수 있었습니다. 이제 31살 옥민송의 다른 꿈들을 향해 또 씩씩하게 달려가 볼게요!

나다운 삶을 만드는 가장 확실한 방법

나는 하루 5분만 바꾸기로 했다

멘탈이 흔들려도 최고의 하루를 만드는 루틴의 법칙

초판 1쇄 인쇄 2022년 12월 16일
초판 2쇄 발행 2023년 3월 13일

지은이 옥민송
펴낸이 김선식

경영총괄 김은영
편집인 이여홍
책임편집 여인영
마케팅본부장 권장규 마케팅2팀 이고은, 김지우
미디어홍보본부장 정명찬 브랜드관리팀 안지혜 오수미 송현석 뉴미디어팀 김민정 홍수경 서가을
크리에이티브팀 임유나 박지수 김화정 디자인파트 김은지 이소영
저작권팀 한승빈, 김재원, 이슬, 재무관리팀 하미선, 윤이경, 김재경, 안혜선, 이보람
인사총무팀 강미숙, 김혜진 제작관리팀 박상민, 최완규, 이지우, 김소영, 김진경, 양지환
물류관리팀 김형기, 김선진, 한유현, 민주홍, 전태환, 전태연, 양문현, 최창우
외부스태프 교정교열 김민영 디자인 표지 희림 본문 박재원

펴낸곳 다산북스 출판등록 2005년 12월 23일 제313-2005-00277호
주소 경기도 파주시 회동길 490
전화 02-704-1724 이메일 kspark@dasanimprint.com 홈페이지 www.dasan.group
용지 아이피피 인쇄 북토리 코팅 및 후가공 제이오엘엔피 제본 다온바인텍

ISBN 979-11-306-4176-8(03190)